L'ABONDANCE DES PAUVRES

DU MÊME AUTEUR

AUX MÊMES ÉDITIONS

La Route des morts
coll. « Recherches anthropologiques »
1980

REMO GUIDIERI

L'ABONDANCE DES PAUVRES

SIX APERÇUS CRITIQUES SUR L'ANTHROPOLOGIE

ÉDITIONS DU SEUIL
27, rue Jacob, Paris VIe

Le chapitre I a été publié sous le titre « La primitivité, aujourd'hui » dans le recueil *Philosopher*, Paris, Fayard, 1980.
Le chapitre IV est le texte remanié d'un article paru dans *Critique*, 371, 1978, p. 405-424.
Le chapitre V est le texte remanié d'un article paru dans *l'Homme*, écrit en 1973 et publié dans le volume XV, 2, en 1975, p. 87-109.
Les deuxième, troisième et sixième chapitres sont inédits.

PUBLIÉ AVEC LE CONCOURS

DU CENTRE NATIONAL DES LETTRES

ISBN 2-02-006632-7

con Danièle,
tra San Marco, San Lazzaro, e Las Urracas.

I

BABEL

1

Quelles raisons incitent l'Occident à vouloir *penser* la primitivité? A son commencement, poussé par l'ambition de connaître ses propres possibilités, l'Occident a rencontré ce qui n'était pas lui. Cette conscience de sa propre destinée a déterminé les cultures qui en étaient exclues. Mais le désir de les connaître ne commence vraiment que lorsque l'Occident s'interroge sur l'humain comme si sa foi en lui-même faiblissait. L'idée de Barbare inclut déjà la primitivité comme détermination de l'humain. L'antériorité dont témoigne le Barbare s'enracine dans un commencement anthropologique commun aux cultures humaines, et qui coïncide souvent avec le divin : âge d'or hésiodique, paganisme de la Renaissance et, plus près de nous, tout ce qui échappe au monothéisme abrahamique : polythéisme et totémisme : « idolâtrie ».

Aujourd'hui, au tournant d'un millénaire, le primitif est « l'autre-le-plus-reculé-dans-le-temps »; un Barbare, mais paré des caractères des théogonies antiques. L'archaïque est notre horizon, celui où débute l'histoire, notre irréductible passé; il gît en nous-mêmes comme reste mnémonique, comme dimension originelle de notre sédimentation anthropologique. Et cette primitivité qui demeure, croyons-nous, à la façon d'un résidu anatomique maintenant superflu, nous l'appelons du terme singulier de « survivance ».

Primitivité et survivance sont synonymes dans le langage commun qui véhicule les « acquis » que nous prétendons avoir assimilés. C'est donc une antériorité résiduelle. Elle témoigne de ce que nous fûmes et ne sommes plus.

Notre siècle a entrepris la réévaluation du primitif et favorisé une idéologie qui le glorifie. L'antériorité dont il témoigne illustrerait un type de société où l'homme, maître de son destin, évite les égarements grâce à la conscience de son pouvoir et de la nécessité de le limiter. La sagesse primitive parfait une complétude spirituelle et communautaire qui pose, dans l'immanent, des bornes à la démesure. Exempte de passions destructrices, possédant une sorte de savoir immédiat sur les limites de la connaissance humaine, elle est suffisante dans sa simplicité. La thèse est claire : l'archaïque est non seulement l'anté-occidental, mais aussi l'anti-occidental.

Ce sont là des thèmes anciens. Tout l'Occident pense le passé sur le mode du regret et le présent sur celui de la chute. Cet achèvement inégalé que serait l'archaïque est sans doute un mythe, mais qui se construit sur des preuves. L'épopée homérique, les métaphysiques d'Océanie, la complétude que révèlent les langues anciennes, témoignent d'une maîtrise de la pensée propre à ce temps premier, maîtrise que non seulement nous admirons, mais que nous nous avouons aussi impuissants à égaler. Or, ce que notre siècle confond pour bâtir la figure du primitif, c'est ce pouvoir qu'a l'humain de poser ses propres fondements et les aspirations contemporaines au bonheur matériel. On prétend que l'achèvement que l'archaïque réalise effectivement en tant qu'esprit, est solidaire d'un achèvement de l'humain socialisé, et que le clivage entre l'homme et la communauté dont nous souffrons fut, jadis, conjuré.

Ainsi la liberté, qui pour nous définit l'homme – définition par ailleurs bien tardive et bien contradictoire en Occident –, s'affirme-t-elle dans l'idéologie contemporaine pro-archaïque comme le triomphe même de la primitivité. Nos contemporains placent le primitif *avant* l'aliénation et décrivent une liberté d'*avant* l'aliénation. Liberté naïve, donc non malheureuse. L'Occident veut croire en cette liberté incompréhensible, comme il a cru en celles qui ne se sont pas accomplies –

et peut-être *parce qu'*elles ne se sont pas accomplies. Il refuse de voir le dénuement et la précarité de l'existence de ces hommes qui nous regardent derrière leurs accoutrements sur les planches des livres de voyage, pour projeter sur eux les ambitions qu'il a conçues frénétiquement dans l'utopie sociale d'abord et dans les aspirations « rédemptrices » ensuite.

L'ethnologie a bâti ce mythe, dans le paradoxe, puisque dans la plupart des cas l'errance de ses représentants de par le monde n'a rencontré que des restes calcinés du mythe dont ils cherchaient la preuve. En pleine attitude de dénégation, ils ont refusé de reconnaître ce qui déjà lézardait les temples du bonheur qu'ils cherchaient; peut-être parce que le recours à ce mythe les exemptait d'observer ce qui subsistait réellement dans les contrées lointaines qu'ils visitaient.

2

Modernité et primitivité sont contemporaines : l'Occident contemple les sociétés archaïques. Jusqu'à une époque récente, la vieille notion de barbarie les séparait. La Renaissance fut une tentative pour restaurer dans la chrétienté des idéaux préchrétiens rejetés ou oubliés, pour réunir ce qui était disjoint depuis des siècles. Ce fut un premier retour aux origines, un recouvrement du commencement. Quant à la transformation qui nous incite aujourd'hui à reconnaître et à admirer le chasseur nomade et ses rites, elle fut entamée par le romantisme.

Si les révolutions industrielles ont creusé l'écart entre nous et le reste du monde, c'est aussi l'industrialisation qui a exporté dans le monde nos curiosités et nos idéaux. L'Occident s'exporte alors comme foi, et le seul mouvement vers l'archaïque qu'il conçoive est la suppression de la différence, surtout de la différence extrême : la primitivité. Christianiser signifie égaliser par une même foi en un même dieu. L'évangélisation est contemporaine du colonialisme, comme lui-même est l'extension de l'industrialisation occidentale, et comme les réussites idéalement infinies de la science d'aujourd'hui sont contemporaines de la fascination qu'exercent sur l'Occident les cultures archaïques.

Dans cette période qui s'étale sur deux siècles, la question à laquelle l'Occident se trouve confronté est celle du rapport à sa propre mémoire. Pour nous, le passé doit être une mémoire consignée, une mémoire appuyée sur des preuves. Nous parlons, par exemple, de survivances – du passé dans le présent – que nous pouvons identifier grâce à cette mémoire. Or, pour que nous puissions parler de survivances, il faut qu'en nous l'idée du « progrès » soit définitivement établie. Les survivances sont alors tout ce qui existe et qui aurait dû disparaître, tout ce que le progrès abolit dans sa course : des comportements, des aspirations, des valeurs. Les survivances sont actuelles, mais en dehors de la modernité.

L'Occident a reconnu ce paradoxe, un passé vivant, quand il a eu à le combattre pour uniformiser son présent et se projeter dans l'avenir. Non qu'auparavant il n'en ait jamais admis l'existence. Mais à l'époque d'expansion qui marqua le début de son triomphe, l'Occident fut animé par une volonté théologique, d'autant plus forte que la crise spirituelle qu'il traversait l'incitait à se donner des gages de sa propre perfection. Ainsi, les démentis qu'il endurait du dedans – les schismes religieux – et l'autonomisation progressive du savoir par rapport à la foi semblaient-ils se compenser dans un face-à-face victorieux avec les ténèbres intactes du sauvage.

L'évangélisation fut le combat contre l'autre menace, venant d'hommes différents, « absurdes », mais humains tout de même. A l'époque – et il faut insister sur ce point pour combattre une idée fausse encore en vigueur aujourd'hui –, le scandale n'était pas, comme il le sera au

XIXe siècle, dans l'inégalité technique entre deux humanités, dans un recours différent au savoir empirique. L'inégalité entre les potentialités respectives n'était pas extrême. Cortez et Moctezuma, Pizarro et l'Inca, le trappeur français et le chasseur indien d'Amérique du Nord étaient contemporains en ce qu'ils étaient tout autant maîtres d'eux-mêmes, maîtrisant aussi bien la nature l'un que l'autre. Mais ce qui rapprochait l'Aztèque des tribus cannibales des Caraïbes, le Naskapi canadien de l'Inca péruvien, lesquels subissaient probablement la même détresse biologique que les communautés paysannes dont étaient issus les conquistadores, c'étaient leurs figures de la transcendance, une foi non abrahamique, et, comme telle, incompréhensible, donc scandaleuse.

Cette foi qu'était-elle? « Polythéiste », « idolâtre », ou d'un monothéisme incertain. Aucun voyageur de l'époque ne s'étonne de voir ces hommes démunis face à la nature; au contraire, nombreux sont les hommages rendus à leur habileté, à leur compétence technique, à leur capacité d'élaborer des moyens de vivre et de prospérer – et ce jusqu'au XVIIIe siècle. Le combat, pourtant, est féroce partout : c'est la lutte contre la fausse foi que le XVIIIe siècle appellera fétichisme. *Mais l'inverse n'est pas vrai.* L'Indien américain tout aussi bien que le chasseur de têtes mélanésien, confrontés à cette différence venue jusqu'à eux sans qu'ils sachent d'où elle vient, voient la différence et en restent fascinés. Le Blanc est l'humain pourvu d'une singularité avant tout technique, producteur d'objets nouveaux et redoutables – instruments de mort. Que leur Dieu soit à l'image de leur arrogance, que leur curiosité soit proportionnelle à leur avidité, que leurs rêves soient impératifs mais confus importe peu : l'image du Blanc dans la conscience du Sauvage est faite. Cette différence décidera pour toujours des rapports que les Occidentaux établiront dans toutes les contrées du monde primitif. Deux attitudes opposées face à l'inédit sont présentes : l'une, active et conquérante, stimulée par un délire; l'autre, réactive et méfiante, attisée par la convoitise naïve d'une technique inédite.

Cependant, pour l'Occident, la lutte contre le Mal se détourne, grâce au Sauvage, de la menace qui envoûte les religieuses de Loudun et les sorcières de la fin du Moyen Age. Ces soubresauts, ces pouvoirs qui allument les alambics semblent s'éteindre. Ils sont intégrés. Le Mal ne surgit plus comme la mauvaise herbe dans le champ de blé. Il s'est transporté chez ces hommes magnifiques, parés d'ors et de plumes, fermes dans leur crainte, et qui ne connaissent pas l'amour chrétien. Et il doit être maîtrisé, comme on dresse l'animal sauvage avant de l'atteler à son labeur.

Ainsi, l'identité octroyée à cet autre n'est-elle, et pour longtemps, que celle de la chrétienté. Ce mouvement ne s'est effectivement achevé que quelques siècles plus tard, dans notre temps.

Au début du XIXe siècle, les textes des voyageurs parlaient déjà de *vanishing peoples*; la conversion s'accomplissait. Mais une autre conversion a complété la première, balayant planétairement ce qui résistait encore. Cette conversion est celle qui définit l'individu contemporain, où qu'il soit, comme l'être apte à participer, très inégalement, à ce qui rend « moderne » : la consommation, l'acquisition d'objets créés par l'Occident. Ce dont il faut parler aujourd'hui lorsque l'on aborde la question de l'archaïsme, c'est-à-dire des survivances, c'est l'uniformisation des aspirations humaines et des moyens élaborés pour les satisfaire, même si elle ne comporte pas, loin de là, une réelle uniformisation des moyens ni, surtout, des tâches productives et de l'accès aux moyens techniques qui rendent possible la création de produits consommables.

Certes, avec cette nouveauté, c'est le mythe du Bon Sauvage qui s'effondre. Mais c'est aussi la vraie situation de l'archaïque contemporain qui apparaît : est archaïque ce qui se trouve à la périphérie de la technique et du développement qui ont transformé, pour reprendre des mots célèbres, « le monde en une immense accumulation de marchandises » : îles lointaines, villages perdus dans les contrées tropicales – et ghettos des villes industrielles; cette « deuxième société » qui, elle non plus, ne se définit pas par la production, si marginale et éphémère soit-elle, mais essentiellement par un mode d'être consumiste et souvent parasitaire. Son gonflement, son extension, concerne tout d'abord les sociétés industrielles au sein desquelles un type nouveau de marginalité sociale s'est constitué, mais aussi cet univers lointain qui en quelques décades a rompu, croit-on, avec l'esprit archaïque pour entrer dans l'âge de la technologie la plus perfectionnée; univers où, il y a encore peu de temps, survivaient des cultures humaines qui étaient totalement exclues ou s'excluaient d'elles-mêmes de ce processus mondial qui s'appelle l'histoire de la technique occidentale.

3

Le tissu communautaire des sociétés occidentales industrialisées comprend deux classes antagonistes impliquées dans le procès de production : les producteurs vendent leur force de travail aux détenteurs des moyens de production.

Mais notre société « évolue ». Si on observe aujourd'hui la composition de la première classe, on peut affirmer qu'elle se subdivise au moins en quatre types distincts de consommateurs : les producteurs-consommateurs, « classe sociale garantie », car légitimée par la production; les non-producteurs-consommateurs intégrés en tant que classe fonctionnariale ayant des responsabilités subalternes dans la sphère de l'information et de la culture; les non-producteurs « assistés-pour-la-consommation » – consommation que l'idéologie contemporaine désigne comme « suffisante »; enfin les non-producteurs-non-assistés.

Ce sont là des clivages sociaux très forts dont chacun de nous peut faire aisément l'expérience. L'écart grandissant entre ces quatre secteurs des sociétés contemporaines est un phénomène dont l'ampleur s'étend depuis une vingtaine d'années. Il est contemporain de l'essor le plus spectaculaire que les sociétés industrielles développées ont connu au cours de leur histoire bicentenaire. Mais il serait erroné de décrire les caractères de cette nouvelle stratification sociale en identifiant les exclus – les non-assistés – aux victimes prolétaires de l'expansion capitaliste entre le siècle dernier et les années cinquante.

Non que les damnés de la terre n'existent plus ni que la misère ait été vaincue – bien que la définition même du concept soit devenue de nos jours flottante, car la misère des cités industrielles n'est pas la misère des communautés menacées par la famine. C'est plutôt que leur position marginale au sein du système qui leur est imposé, le processus qui la délimite, a changé en profondeur. Ce changement concerne fondamentalement la position de l'individu social vis-à-vis du procès de distribution-consommation. Les non-producteurs contemporains sont *aussi* des consommateurs; partiels certes, mais disposant néanmoins de certains moyens essentiels d'accès à la consommation de produits qui, dans la masse des produits disponibles, figurent au rang de « produits non nécessaires aux besoins primaires de subsistance ». Ce sont des marchandises destinées à entretenir le marché de la consommation propre aux sociétés post-industrielles : vêtements, instruments perfectionnés, outils sophistiqués, etc. De même, à la différence de ce qui caractérisait les immenses masses de déshérités de la première moitié de ce siècle, ces non-producteurs ne sont définis comme « chômeurs » que dans les profils étriqués des statistiques nationales et internationales : des travailleurs en quête d'emploi. La nouveauté réside dans leur position vis-à-vis de la production : ils appartiennent à des secteurs de la société qui refusent, ouvertement ou dans l'inertie, l'idéologie de la productivité.

Résidus du système productif, victimes de l'aménagement de certaines marges de l'accumulation libérale réalisée au tournant des années soixante par les sociétés industrielles, ces groupes sans cesse en augmentation sécrètent, à l'instar des déshérités du XIXe siècle, dont le socialisme fut le défenseur, des réactions chroniques, discontinues, de violence, et animent, dans des proportions qu'il est ici impossible d'examiner et de commenter, la lutte et le radicalisme au sein des sociétés occidentales contre ce que certains de leurs porte-parole appellent « la nouvelle dictature ». Les États-Unis, avec le problème noir, c'est-à-dire avec la nouvelle stratification sociale déguisée par le racisme, ont, une fois encore, annoncé le présent. Maintenant, c'est le tour de l'Europe.

Or ces modifications concernent aussi le présent des sociétés traditionnelles qui, dans le désordre, aspirent à éliminer leur passé archaïque, d'autant plus que la lutte pour la vie (la survie : naissance et subsistance) s'intensifie : la démographie du Tiers Monde nous en apporte une preuve éclatante. Car le Tiers Monde, en excluant les pays qui disposent des matières premières nécessaires aux sociétés post-industrielles, est *aussi* cet univers paradoxal où les nécessités de la survie biologique vont de pair avec les aspirations marginales de la consommation.

Mais ces aspirations semblent engendrer, en même temps que le comportement consumiste et les frustrations inévitables qui s'ensuivent, la reviviscence de ce qui semblait il y a peu de temps encore détruit, oublié, anachronique, et qui n'était qu'enfoui comme une source provisoirement comblée : vagues religieuses, cultes ancestraux, superstitions, formes hybrides qui recourent contradictoirement à la syntaxe de la modernité et au lexique de l'archaïsme. A Singapour, on dépose les fétiches dans les réfrigérateurs « pour préserver leur efficacité »; à Bangkok, les gendarmes en ronde nocturne dans la ville recourent à des rites divinatoires pour maîtriser le danger; une motion contre l'ouragan qui s'est abattu sur l'archipel est signée à l'unanimité dans une région mélanésienne; les pierres enfouies dans les anciens sites funéraires exhumés par les archéologues en Polynésie donnent, fixées aux barbelés qui entourent les pâturages, l'électricité aux fils métalliques...

Mais l'Occident, dira-t-on, échappe à ces paradoxes : il n'a pas à sécréter d'anticorps, à recourir au syncrétisme, car son idéologie n'est pas d'importation. Rien n'est moins sûr : les errements collectifs dans la quête d'une transcendance engendrent des holocaustes qui horrifient les lecteurs de journaux. Dans les deux cas, on peut supposer que, contrairement à ce que l'on a voulu croire, l'accès à la consommation de produits perfectionnés n'a pas accru la positivité de l'esprit contemporain, pas plus qu'il n'a entraîné la « laïcisation » du comportement archaïque, et que l'archaïsme réel de notre temps réside peut-être dans la combinaison singulière de consumisme, de matérialisme et de syncrétisme.

4

Être « hors du progrès » s'entend aujourd'hui par référence à une définition essentiellement économique de l'« état de progrès », où le critère principal est donné par le coefficient de consommation par tête. Être hors du progrès, aussi bien pour les privilégiés que pour les déshérités, c'est ne pas être un « vrai » consommateur : ne pas atteindre les seuils « normaux » de consommation, ce qui entraîne un mode de vivre et de penser qui ignore ou feint d'ignorer les moyens qui rendent idéalement possible l'accès à la consommation « normale ». Une culture est régressive si elle n'accède pas à ces moyens; c'est sa faute, son défaut « spirituel ». Au bas de l'échelle, les cultures archaïques sont le paradigme de cette incapacité à consommer comme les « sociétés-dans-le-progrès ».

Or, là où est reconnue l'existence de l'archaïque comme

paradoxe, c'est aussitôt la question du sens à donner à notre présent, à notre vision progressiste du monde et de la connaissance qui est posée. En effet, pourquoi l'archaïque subsisterait-il et pourquoi en serions-nous sortis? C'est, d'une manière ou d'une autre, la question clé qui hante la pensée occidentale depuis un siècle. Après cent ans d'évolution et de progrès *réels*, l'Occident, en s'interrogeant sur l'archaïque, questionne, perplexe, cette remarquable forme de résistance au changement qu'il représente, aussi bien aux Tropiques que chez nous : en quoi consiste ce « non-rationnel » qui néanmoins survit? Quelles sont les raisons de ce « retard » qui évoque un passé révolu?

Il y a bientôt trente ans, un savant osait s'attaquer au dogme évolutionniste en abordant ces questions. En dénonçant le « faux évolutionnisme », officiel encore aujourd'hui et largement en vigueur surtout à travers le marxisme, Claude Lévi-Strauss suggérait de l'abandonner. En fait, ce qu'il désignait comme le faux évolutionnisme était l'évolutionnisme tout court qui « traite les différents états où se trouvent les sociétés humaines, tant anciennes que lointaines, comme des *stades* [...] d'un développement unique [1] » : « L'humanité devient une et identique à elle-même: seulement cette identité et cette unité ne peuvent se réaliser que progressivement et la variété des cultures illustre les moments d'un processus qui dissimule une réalité plus profonde ou en retarde la manifestation [2]. » Ce « procédé séduisant », « maquillage faussement scientifique d'un vieux problème philosophique [3] », « repose sur une hypothèse [...] incertaine et [...] fragile quand on l'utilise pour hiérarchiser des sociétés contemporaines éloignées dans l'espace, [alors qu'elle] paraît [...] difficilement contestable [pour les cultures qui nous ont précédés] [4] ». Car le progrès « procède par sauts [...], par mutations [...], [par] changements d'orientation ».

1. C. Lévi-Strauss, *Race et Histoire* (1952), Paris, Denoël, coll. « Médiations », 1974, p. 24.
2. *Ibid.* – 3. *Ibid.*, p. 26. – 4. *Ibid.*, p. 35.

Lévi-Strauss proposait comme alternative à la naïveté évolutionniste les thèses issues des sciences physiques et biologiques contemporaines fondées sur des lois probabilistes où le hasard et la nécessité réunies sont les agents effectifs de l'événement : « L'humanité en progrès [...] évoque [...] le joueur dont la chance est répartie sur plusieurs dés [...] [;] c'est seulement de temps à autre que l'histoire est cumulative, c'est-à-dire que les comptes s'additionnent pour former une combinaison favorable [1]. »

Si on compare les deux hypothèses en présence, l'évolutionniste et la probabiliste, il faut admettre que leur plausibilité respective est égale; de ce fait leur opposition se neutralise. De même qu'on a suffisamment d'exemples qui confirment l'idée d'évolution, à commencer par notre propre histoire, on peut raisonnablement supposer que là où les documents manquent, et dans une vision universaliste du progrès, ce sont les combinaisons favorables qui, par moments, ont donné lieu à des mutations progressives. En fait, l'hypothèse probabiliste, qui décrit un temps humain méta-historique en termes de combinatoire et d'alternatives, avance deux arguments – qui sont deux *jugements* – sur l'histoire de la société humaine : le premier est un judicieux aveu d'impuissance face aux problèmes de compréhension que posent les sociétés dont la diversité est justement déterminée par l'histoire (problème escamoté par l'hypothèse évolutionniste et par les disciplines historiques depuis le XIXe siècle); le deuxième jugement se *lit* dans la suspension de jugement qu'il défend, car l'évaluation qu'il faudrait porter sur ces diversités – et légitimement puisque c'est l'existence même de l'Occident qui l'impose – n'est pas pour autant une véritable alternative au jugement évolutionniste. Ces arguments s'hypostasient dans un appel à la coopération internationale (le texte de Lévi-Strauss fut écrit pour l'Unesco), « coalition entre cultures [...] [,] mise en commun [...] des

1. *Ibid.*, p. 38-39.

chances que chaque culture rencontre dans son propre développement historique [...], jeu en commun dont résulte tout progrès » – ce qui pourrait entraîner, ajoutait-il, « à échéance plus ou moins brève, une homogénéisation des ressources de chaque joueur [1] ».

Cet appel à la tolérance est sans doute noble. Mais l'esprit de la Société des nations, auquel participe la génération qui a vécu deux guerres mondiales, est bien mort. Et, pourtant, le même auteur pose un problème qui demeure essentiel de nos jours, car l'homogénéisation a gagné et progressé dans le monde : « Ne voyons-nous pas le monde entier emprunter progressivement [à l'Occident] ses techniques, son genre de vie, ses distractions et jusqu'à ses vêtements [2]? » Cette « adhésion unanime, sans précédent dans l'histoire [à] l'une des formes de civilisation [considérée] supérieure à toutes les autres », s'étend sur le monde. Certaines cultures « cherchent à préserver quelque chose de leur héritage traditionnel, [mais] cette tentative se réduit généralement aux superstructures, c'est-à-dire aux aspects les plus fragiles et dont on peut supposer qu'ils seront balayés par les transformations profondes qui s'accomplissent [...]. [Ce] phénomène en cours [...] s'achèvera-t-il par une occidentalisation intégrale? Des formes syncrétiques apparaîtront-elles? Ou bien le mouvement de flux touche-t-il déjà à son terme et va-t-il se résorber, le monde occidental étant près de succomber, comme ces monstres préhistoriques, à une expansion physique incompatible avec les mécanismes internes qui assurent leur existence [3] »? C'est en répondant à ces questions que je voudrais conclure.

1. L'occidentalisation du monde est consommée. Il n'y a plus à proprement parler de foyer de résistance à l'occidentalisation – sauf, et nous sommes en pleine actualité, dans les nations récemment propulsées au centre de notre système

1. *Ibid.*, p. 79.
2. *Ibid.*, p. 51. – 3. *Ibid.*, p. 52-53.

social et économique et qui se sont découvert des possibilités vertigineuses de gérer *aussi* notre destin. Mais tout retour à la tradition, même si celle-ci est aussi forte que l'Islam, n'est qu'un déguisement, parfois tragique, du présent, et reste une parenthèse dans l'occidentalisation. Il reste aujourd'hui dans le monde quelques plages encore préservées pour la seule raison que le procès planétaire les a jusqu'ici ignorées, non par hasard ou par oubli, mais parce que le facteur impératif de la rentabilité économique ne pouvait pas y être satisfait (zones tropicales d'Amérique et d'Océanie surtout).

2. *Toutefois,* cette homogénéisation ne consiste pas, loin de là, en une égalisation des ressources et des capacités humaines du globe. Une nouvelle discrimination investit les sociétés humaines contemporaines – égales ou presque en aspirations et besoins; inégales, parfois à un degré inédit, en moyens. Ce clivage n'a pas à être traité en termes anthropologiques, *car il est politique.*

3. L'homogénéisation n'exclut pas les survivances, bien au contraire. Ceux qui, après Lévi-Strauss, ont crié à la mort des cultures n'ont pas su – ni voulu – voir que ces mêmes cultures, hantées comme nous par le mythe de l'abondance, ont néanmoins sécrété leur propre mode d'insertion dans l'univers occidental. Ces modalités, aussi paradoxales, irrationnelles, ou même caricaturales qu'elles soient, sont tout aussi authentiques que les coutumes anciennes, tributaires qu'elles sont des formes culturelles dont elles tirent leurs possibilités.

Le monde contemporain non occidental est un immense chantier de survivances, compatibles avec le mode de vie qui est le même partout, comme réalité ou comme aspiration. Un discours analogue doit être fait pour l'Occident lui-même, qui vit un reflux de la responsabilité politique alors même que l'extension progressive de la marginalité suscite des réactions violentes. C'est sur ces réalités que le discours sur la primitivité peut se poursuivre.

5

Si l'archaïsme survit et nous hante, c'est peut-être qu'il nous est nécessaire. Nous contemplons les idoles primitives embaumées comme reliques d'humanités reculées dans des espaces lointains, fascinés par ce qui, en elles, préserve en des limites de plus en plus étroites une existence condamnée, comme si ces témoignages pouvaient conforter notre refus de l'uniformisation.

Se demander pourquoi l'archaïsme nous est nécessaire nous ramène à la première question : « Qu'est-ce qui pousse l'Occident à vouloir penser la primitivité? » On pourrait, pour conclure, apporter maintenant un début de réponse : la primitivité nous enjoint, par un pari contradictoire et peut-être inassumable, de nous interroger sur notre propre conception de l'humain envisagé à travers les effectuations dont nous sommes les tenants : technique, savoir, progrès. Ce pari découle des doutes qui animent cette crise de la pensée occidentale *qu'est* la pensée occidentale, et dont la philosophie seule, surtout en ce moment, porte un témoignage conscient, à la hauteur du désarroi qui l'alimente. Les formulations avancées par la *discipline* ethnologique sont loin d'assumer l'enjeu gnoséologique qu'il comporte. Les pétitions, les discours officiels, les « théories » de l'ethnologie n'acheminent pour la plupart que des propos simplificateurs et s'abreuvent d'inquiétudes et d'aspirations qui sont de notre temps, de cette histoire que nous faisons sans le savoir; l'enjeu qui implicitement les fait éclore et les popularise n'y pointe que par des voies détournées. L'ethnologie a acquis une position officielle dans l'idéologie de notre temps parce que la nécessité de poser ces questions a été reconnue.

Or, c'est dans l'interrogation sur les effectuations de notre savoir, et l'accélération réelle de notre progrès technique, que réside l'égarement spirituel qui ternit l'idée que nous nous faisons de notre destinée. Les positions anti-évolutionnistes, le refus de « juger » la primitivité ne font qu'accentuer ce malaise. L'archaïque est certes situé par rapport à nous qui en représentons l'opposé, mais ce positionnement inévitable de l'humanité qui n'est pas nous, n'est pas aussitôt négativement jugé en termes d'antériorité et, donc, d'infériorité, du moins dans les propos les plus populaires. En fait, la définition de ce que l'on appelle la « pensée sauvage », à y regarder de plus près, prouve que notre présence « scientifique » juge sans appel celle qui ne l'est pas.

Mais cette défense passionnée de la primitivité exclut ses dérives contemporaines, formes hybrides rejetées comme impures, survivances contaminées par la modernité, marges du présent qui embrassent les sociétés du Tiers Monde et les ghettos des sociétés industrielles : ces millions d'individus qui produisent une détresse spirituelle peut-être inédite en recourant à ce qui en eux est archaïque, mais combiné, dans un recours à la fois marginal et efficace, à l'esprit consumiste. En d'autres termes, l'ethnologie défend l'archaïque comme pure valeur anti-occidentale parce qu'elle aspire *occidentalement* à l'absolu qui est hors de sa portée : elle en gauchit l'image à travers sa propre misérable spiritualité qui l'enracine comme culture dans les seules valeurs admissibles, les valeurs marchandes.

L'ethnologie a construit un fantoche, le primitif, qu'elle a déguisé en porteur des valeurs qu'elle-même nourrit et défend : mesure, ordre, sécurité, parcimonie, bien-être, passivité dans un moule social solide, alors que les gestes ou les pensées archaïques décrivent un humain pour qui la sécurité dans l'existence n'a peut-être guère de sens; le provisoire matériel est son horizon, et comme tel accepté par lui. Dans une audace à nos yeux gratuite, il s'adonne à sa propre force et recherche au risque de sa vie une complétude éphémère et brutale, en quête d'une réussite qui se nomme gloire, laquelle frise la mort et s'alimente d'excès. Si cet homme nu et paré, secret et violent, devient bon père de famille, bon citoyen, bon conteur, fidèle à son humaine piété, comment peut-il être aussi le possédé qui hurle sa victoire sur le bûcher des corps de ses ennemis, le chasseur de têtes qui exhibe avec fierté son trophée, le cannibale qui dédaigne le corps du vaincu mais l'entoure d'une ferveur religieuse? La violence, l'élan généreux et éphémère, la joie dans l'excès, la truculence, et ce que nous appclons cruauté, ne comportent d'amour que dans la passion qui s'exprime à travers la musique et la danse, où l'humain revêt une grâce qui s'échoue dans la contemplation impuissante du désir, lequel à son tour mène au néant de l'ivresse comme dans les fêtes nocturnes dont parlent encore les vieillards d'Océanie. Si l'ethnologie actuelle avait à décrire le char d'Achille victorieux traînant le corps dépouillé d'Hector, elle censurerait probablement ce qui à ses yeux serait de l'impiété barbare. Comme si, dans la Barbarie, les pleurs de Priam et de l'amoureux veuf de Patrocle étaient incongrus, comme ils le sont dans notre monde.

Or, le refus du désordre et la peur de tout provisoire, surtout du provisoire matériel, expliquent peut-être pourquoi, à quelques exceptions près, l'impureté du marginal archaïque contemporain est ignorée ou couverte de fards, « politisée », comme on dit. C'est que sa beauté n'a pas la grâce harmonieuse des figures imaginaires que l'esprit bourgeois aime contempler, et que ce présent qui grouille a, à ses yeux, trop d'accointances avec le monde de l'obscurité qu'elle appelle la pègre. Ce que décrivait avec une perception parfaitement juste un écrivain comme D. H. Lawrence dans un livre sur le Mexique [1] :

« Ils restaient fermes et sereins dans leur reconnaissance de la mort, dans leur paisible acceptation du néant... [...]. Quelque part, au fond de leur âme, un ressentiment infini, comme une blessure ouverte [...]. Et une intégrité de l'individu au-delà du désordre des passions, des puissances, de

1. D. H. Lawrence, *The Plummed Serpent*, Londres, 1938 (*la traduction est de moi*).

la mort [...]. L'individu compte peu [...]. Ainsi, là demeure la force. Et, aussi apparemment, une vie plus intense. »

Le parti pris pour la primitivité « pure » est une défense des vaincus qui s'affirme dans une période charnière de notre temps : il coïncide avec l'enthousiasme scientiste qui peu après recule sans l'avouer. C'est à ce moment-là que la valeur primitive se généralise et se radicalise dans plusieurs excitations de surface, surtout en France, terre d'idéologies. L'ethnologie officialise les faux débats, sur l'ethnocide par exemple, comme pour s'affranchir des responsabilités politiques qu'elle n'a pas prises ailleurs, lorsqu'un engagement véritable était requis (Indochine vers 1950, Algérie vers 1960, Palestine vers 1970). Le moralisme pro-archaïque révèle ainsi une attitude de fuite face aux problèmes actuels du monde, attitude qui pousse à défendre une tribu brésilienne tout en ignorant le génocide perpétré contre un peuple dépossédé. Car les raisons qui poussent des gouvernements féroces à rayer du monde quelques centaines de sauvages peuvent se dénoncer à peu de frais, mais il en va autrement de celles qui engagent, sous une forme ou sous une autre, l'Occident dans la tragédie palestinienne.

Pessismisme et conformisme politique, indifférence aux problèmes de notre temps et pro-archaïsme, culte de la pureté primitive et rejet des déviances syncrétiques qui montent et s'accumulent de par le monde actuel : ce sont là des pôles de tension qui confirment que l'archaïsme est bien notre présent.

II

ESSAI SUR LE PRÊT

Cette lecture de l'*Essai sur le don* débutera par une citation de Mauss lui-même :

« Les termes que nous avons employés : présent, cadeau, don, ne sont pas eux-mêmes tout à fait exacts. Nous n'en trouvons pas d'autres, voilà tout. Ces concepts de droit et d'économie que nous nous plaisons à opposer : liberté et obligation; liberté, générosité, luxe et épargne, intérêt, utilité, il serait bon de les remettre au creuset [1]. »

Plus loin, à propos de la catégorie qui donne son titre à l'*Essai*, Mauss ajoute : « cette notion n'est ni celle de la prestation purement libre et purement gratuite, ni celle de la production et de l'échange purement intéressés de l'utile. C'est une sorte d'hybride qui a fleuri là-bas [2] ».

Je n'aurais pas entrepris cette lecture si ces remarques avaient été faites *au début* de l'*Essai* et si le même *Essai* ne portait pas programmatiquement sur l'acte qui, d'après Mauss et ses épigones, illustre la règle archaïque de la réciprocité érigée en dogme; enfin si le même *Essai* n'avait pas donné naissance à une idéologie de la réciprocité devenue officielle en quelques décennies. A ma connaissance personne (sauf peut-être Firth mais pour des raisons fondées seulement sur des objections empiriques) n'a encore entrepris de lire ce

1. M. Mauss, *Essai sur le don. Forme et raison de l'échange dans les sociétés archaïques* (1923-1924), in *Sociologie et Anthropologie*, Paris, PUF, 1950, p. 267.
2. *Ibid.*

texte autrement que d'un point de vue hagiographique. J'ajouterais que, si Mauss lui-même avait tenu compte, dans le déroulement de son argumentation, des réserves qu'il a préféré formuler *in fine* et qui ne modifient donc pas, ni de près ni de loin, la positivité de l'échange illustrée à travers le Don, celui-ci n'aurait pas acquis la force obscurcissante qui pèse sur la « morale archaïque ».

1

Sans obligation, pas de réciprocité. L'obligation est une réaction tout aussi impérative – et positive – qu'une pulsion génétique. L'idée d'une obligation positive, que l'individu s'impose à lui-même tout en sachant qu'il ne peut pas y échapper, est bien ce qui a fait la renommée de l'*Essai* surtout après l'apport du célèbre commentaire de Lévi-Strauss [1].

Mais s'agit-il vraiment de cette obligation de *donner*, d'où l'*Essai* tire son titre, ou de celle de ce qui est aussi un donner, mais se nomme autrement : *rendre ?* A lire l'*Essai* on s'aperçoit que la cheville ouvrière de la réciprocité est bien un re-donner qui se présente sous la forme de l'obligation. C'est à partir de là que Mauss avance la thèse que le droit, fondateur du social, se constitue à travers un type spécifique de

1. L'influence maussienne qui aboutira à la « théorie de l'échange » est non seulement tardive mais elle épargne, pendant plusieurs décennies, une anthropologie plus active et plus précoce, à savoir l'anthropologie anglo-saxonne. Il est significatif que cette théorie ait été désignée comme « française » et associée au structuralisme. L'influence de Mauss et de Durkheim porte davantage en Angleterre sur les principes taxinomiques et l'ordre des catégories (cf. Evans-Pritchard et surtout Needham) que sur l'idéologie de l'échange. D'autant plus, peut-être, que, comme le faisait noter Lévi-Strauss lui-même dans son « Introduction » de 1956, le thème de la réciprocité avait été développé antérieurement à la publication de l'*Essai* (Boas, Swanton, Malinowski).

nécessité, tenue pour nécessité structurelle, *qui n'est pas celle de produire mais d'échanger :* « l'échange est le commun dénominateur d'un grand nombre d'activités sociales en apparence hétérogènes entre elles [1] ».

La modalité transactionnelle de l'échange, hypostasiée plus tard par Lévi-Strauss comme relation, est culturellement déterminée, puisque échanger signifie tout aussi bien donner que rendre *pour avoir* le *mana* [2]. L'impératif échangiste se teinte, pourrait-on dire, d'indigénisme : la notion de *mana,* comme celle de *hau* qui domine dans l'*Essai,* est océanienne. Sur ce point, Mauss se serait laissé prendre au piège, où « l'ethnologue se laisse mystifier par l'indigène [3] »; car même si « indigène ou occidentale, la théorie n'est jamais qu'une théorie [4] », celles qui sont fabriquées à Paris valent mieux que les autres « qui ont le défaut d'être conscientes » *(sic).* Il est clair que la quête du *mana* est aux yeux de Mauss tout aussi importante que la « substance des choses », expression qui dans son lexique traduit la notion maori de *hau;* ce pour une simple raison, que Bataille développera pour son compte et que j'examinerai plus tard, à savoir que la transaction vise un gain, aussi paradoxal que cela soit, surtout dans l'optique égalitaire de l'idéologie de l'échange : ce gain est une victoire qui, en écrasant, hiérarchise (peu importe si la hiérarchie est trébuchante, c'est notre histoire même qui nous enseigne que l'*ordre* est toujours en danger).

L'aspect notable du phénomène qui intéresse Mauss tient

1. C. Lévi-Strauss, « Introduction à l'œuvre de M. Mauss », in *Sociologie et Anthropologie, op. cit.,* p. XXXVII. Lévi-Strauss critiquera par la suite l'inadéquation empirique des notions maussiennes : « Mais, cet échange, il ne parvient pas à le voir dans les faits. L'observation empirique ne lui fournit pas l'échange, mais seulement – comme il le dit lui-même – " trois obligations : donner, recevoir, rendre ". Toute la théorie réclame ainsi l'existence d'une structure, dont l'expérience n'offre que les fragments », *ibid.,* p. XXXVII-XXXVIII.

2. *Essai sur le don, op. cit.,* p. 155, n. 5 (je souligne).

3. C. Lévi-Strauss, « Introduction à l'œuvre de M. Mauss », *op. cit.,* p. XXXVIII.

4. *Ibid.,* p. XXXIX.

au fait qu'il existe d'autres moyens, plus classiques, ou plus explicites, de gagner, écraser, hiérarchiser : la richesse ou la guerre par exemple. Or on a beau dire que certaines formes de transactions, comme le *potlatch,* sont « des guerres déguisées »; tout le monde, Sauvages compris, sait distinguer un jeu d'une guerre, et un potlatch d'un sacrifice.

On dit : l'échange est lié à la division sociale du travail. Comment le nier? On ajoute : l'échange est impératif, et le Don est le paradigme de l'échange. Mais un troc, qui est un échange, n'est pas un don, pas plus que l'abduction de la fiancée ou une prestation destinée à un sacrifice. De plus, à supposer même que le « don » soit une autre forme d'échange, encore faudrait-il que le *vrai* don entraîne toujours l'échange. Ce qui reste à voir.

Le Don serait « un régime de droit contractuel », un « système de prestations économiques contraignantes », répandu sous sa forme impérative (« tu dois accepter! ») parmi les sociétés qui ne sont pas les nôtres; nous ne connaîtrions plus ce régime d'échange, entendez : le Don ne serait plus pour nous impératif ; soit dit en passant, il est permis d'en douter ne fût-ce qu'en considérant le caractère massif de nos prodigalités et de nos dépenses ostentatoires. Ce qui est inclus sous la catégorie de « don », ce sont des « systèmes de prestations totales » (ce « total » a fasciné, peut-être par son opacité même, Lévi-Strauss et ses épigones, avec son « caractère tridimensionnel [:] [...] dimension proprement sociologique avec ses multiples aspects synchroniques; la dimension historique [...]; et enfin la dimension physio-psychologique [1] »); des échanges multiples et simultanés, certains désignés comme « antagonistes », de type potlatch allant jusqu'au gaspillage, et qui ont « une allure agonistique [...] essentiellement usuraire et somptuaire [...] pour assurer [...] une hiérarchie [2] ».

1. « Introduction à l'œuvre de M. Mauss », *op. cit.,* p. XXV.
2. *Essai sur le don, op. cit.,* p. 152-153.

Même là où le caractère compétitif du Don est moins affirmé, comme en Polynésie, Mauss soutient encore que « le fondement des échanges [...] semblait rester du type plus élémentaire de la prestation totale »; mais c'est là aussi que selon lui « la raison morale et religieuse de cette contrainte [de donner] est [la] plus apparente ». Ainsi à Samoa, où s'effectuent des échanges « de nattes blasonnées entre chefs », pour « l'honneur [et pour le] " mana " que confère la richesse [1] ».

Mais que sont ces choses : cuivres kwakiutl, nattes samoanes, pendentifs et brassards trobriandais *(vaygu'a)*, et d'autres encore? Car, aussi bien dans la prestation qui « ouvre » que dans celle qui « ferme » la transaction, la contrainte de la réciprocité s'affirme par l'entremise de choses que nous avons du mal, et Mauss lui-même avec nous, à définir. A l'évidence, il s'agit d'objets qui ne paraissent homogènes que d'un seul point de vue; ce ne sont pas des biens utilitaires : ni outils ni biens consommables. Hors cette caractéristique négative, ils constituent une classe hétérogène dont la définition en termes positifs reste cruciale et redoutable. Les expressions de « valeurs », « biens », ou pire, « propriétés talismans » (ailleurs on parlera même de « blasons ») révèlent la difficulté ainsi que les dangers de toute interprétation anthropologique naïve et conceptuellement trop généreuse (la naïveté est d'ailleurs l'un des traits du « style » de l'*Essai* au point que même un commentateur aussi convaincu que Lévi-Strauss la relève).

On touche là à un problème herméneutique éloquemment illustré par Lévi-Strauss lorsque, en 1956, il introduit le lecteur à l'aventure de Mauss (« le cœur battant, la tête bouillonnante, et l'esprit envahi d'une certitude encore indéfinissable, mais impérieuse [2] »). En fait, cette Introduction parle peu de réciprocité et d'échange (alors

1. *Ibid.*, p. 153 et *passim.*
2. « *Introduction à l'œuvre de M. Mauss* », *op. cit.*, p. XXXIII.

même que les *Structures élémentaires de la parenté* où cette « loi » est largement appliquée avaient paru sept ans plus tôt), et s'attaque, par des détours qui ont l'allure désordonnée du maître, à l'erreur de méthode commise par Mauss sur les notions archaïques célèbres de *hau* et *mana* qu'il aurait prises trop au sérieux en essayant de les traduire, manière courante, inévitable, de les définir. Lévi-Strauss ne se soucie guère, pour sa part, de leur attribuer un sens : s'attaquant à la notion de *mana* il aboutit à en faire un improbable « signifiant flottant [1] ». Mais les glissements sémiotiques par lesquels il tente de corriger la démarche de Mauss masquent en fait son véritable vice herméneutique.

C'est sur ce « vice » que portera une bonne partie de cette lecture. Je le formulerais ainsi : comment peut-on espérer éclairer les notions cruciales d'une culture étrangère si les termes de notre langue qui devraient nous les rendre accessibles restent vagues et même contradictoires? Faut-il rappeler que les notions utilisées par Mauss pour traduire ou définir *hau, mana, taonga* (« âme », « chose », « force », « pouvoir », « sujet », « objet », etc.) sont étonnamment approximatives, et maniées comme si elles n'avaient pas derrière elles toute une histoire de la pensée? Pour Mauss, en particulier dans l'*Essai,* il semble aller de soi que nos notions sont claires d'elles-mêmes et peuvent, sans trop de dégâts herméneutiques, assumer la confrontation avec celles que l'on a judicieusement isolées dans la pensée de l'autre. Il me semble plutôt que l'œuvre de translation, qui est la nouveauté herméneutique de la pratique anthropologique, consiste à accomplir *simultanément* un travail de définition sur des notions qui, intuitivement, paraissent se correspondre d'une culture à l'autre, pour aboutir à un résultat qui devrait être une double reformulation.

1. *Ibid.*, p. XLIX-L.

2

Tout lecteur attentif aux préoccupations de Mauss peut noter que la question de la *nature* des objets qui entrent dans les circuits de « réciprocité » hante tout l'*Essai*.

Mais c'est en particulier dans la longue note des p. 178-179 qu'il tente de l'atteindre, ou du moins de la *nommer*. Cette « identification », qui reste approximative, ainsi qu'il le reconnaît, *in fine* (« les termes que nous avons employés [...] ne sont pas eux-mêmes tout à fait exacts [1] », etc.), aboutit à la notion de monnaie, à partir du constat que les objets en question « ont un pouvoir d'achat et [que] ce pouvoir est nombré ». Constat appuyé sur l'opinion d'un collègue économiste selon lequel on peut passer « sans secousses » d'un système traditionnel où circulent des « choses » à un système monétaire de type occidental. Dans ce passage, la thèse de Mauss est claire : ces choses de nature problématique « servent » à acheter et ont, en conséquence, les propriétés de l'équivalent d'échange qu'est la monnaie (elles sont dénombrables et leur valeur est quantifiable); elles sont enfin si semblables à la véritable monnaie (l'équivalent universel d'échange) que leur conversion dans un système monétaire véritable ne pose pas de problèmes.

Mais si ces étranges choses sont des « monnaies », il arrive aussi qu'elles n'en soient pas vraiment, ou pas du tout. Ainsi des *vaygu'a* trobriandais : ce « ne sont pas choses indifférentes, de simples pièces de monnaie [...] chacun [chaque chose] a un nom, une personnalité, une histoire [2] ». C'est dans ce passage que Mauss remplace la notion de monnaie par celle de « talisman » et c'est finalement dans l'écart entre la nature

1. *Essai sur le don, op. cit.*, p. 267.
2. *Ibid.*, p. 180-181.

monétaire et une nature moins bien précisée – celle du « talisman » – que réside la *nature* propre de ces choses, du moins si l'on accepte les intuitions de Mauss.

Nous sommes donc amenés à nous poser la même question que Mauss : où commence, et en quoi réside leur « pouvoir »? Question que nous poserions aussi bien pour des monnaies que pour des « talismans ». L'objection de Lévi-Strauss à ce qu'il appelle le « substantivisme » est la typique fausse objection : que gagne-t-on à parler, au lieu d'« esprit » ou de « pouvoir », de « truc » ou de « machin », c'est-à-dire à multiplier les « signifiants flottants »? Comme si, en parlant de « signes » et de « relations entre les signes », on résolvait la difficulté, qui reste fondamentalement une difficulté de compréhension; comme si pour « faire sens » il suffisait de substituer à la nature non définie de l'objet une nature sémiotique indécise. Notons de plus que, dans l'exemple de l'*Essai,* l'usage de ces prétendus « signes » vise avant tout une efficacité à l'évidence non sémiotique, mais bien politique, puisqu'il s'agit précisément de *réciprocité intéressée.* La réduction sémiotique consiste en fait à annuler cet aspect pragmatique.

3

Dans l'affaire du « don » où ces choses circulent, leur pouvoir est rapporté à ce qui en elles constitue leur *hau* [1]. Pour peu que l'on ait fréquenté la langue maori, fût-ce à

1. Sur cette notion, je prie le lecteur de se reporter au chap. III, *Tupu,* que je lui ai consacré dans ce livre; je me contente ici de résumer ce à quoi j'ai abouti dans l'analyse.

travers dictionnaires et lexiques, y compris ceux, excellents, consultés par Mauss lui-même, on sait que *hau* ne peut signifier « force », « âme » ou « pouvoir » des choses, pour la simple raison que le maori recourt à d'autres termes pour désigner ce à quoi approximativement nous référons quand nous utilisons de telles notions.

Le texte maori d'où Mauss tire son argument sur le *hau*, l'exégèse de Ranapiri, est une articulation essentielle de l'*Essai* (la mise au point de Lévi-Strauss selon laquelle « le *hau* n'apparaît heureusement qu'au début du *Don* et tout l'*Essai* le traite comme un point de départ, non comme un point d'arrivée [1] », est une violence faite non seulement à la logique de l'argument maussien mais à toute logique argumentative, car cela revient à dire que les prémisses d'un argument sont moins importantes que les conclusions, ce qui est simplement absurde). Selon Sahlins [2] ce texte ne présente qu'une difficulté, mais de taille, dont Mauss, d'ailleurs, convient aussi : c'est l'intervention, dans la description du sage maori, d'une tierce personne dans la transaction. Cette intervention, de plus, est présentée comme impérative. Or, la glose de Mauss ouvre entièrement sur l'*idéologie* de l'échange : « il suffit de dire : “ Les *taonga* [...] ont un *hau* [...]. Vous m'en donnez un, je le donne à un tiers; celui-ci m'en rend un autre, parce qu'il est poussé par le *hau* de mon cadeau; et moi je suis obligé de vous donner cette chose, parce qu'il faut que je vous rende ce qui est en réalité le produit du *hau* de votre *taonga* ” [3]. » L'argument, résumé, dit : « Je rends, poussé par la “ force ” [*hau*] de la chose. » J'agis, en somme, parce que je crois à la magie : « la chose reçue n'est pas inerte », précise encore Mauss [4]. De ce raisonnement fondé sur la croyance à

1. « Introduction à l'œuvre de M. Mauss », *op. cit.*, p. XLVI.
2. M. Sahlins, *Stone Age Economics*, Chicago, 1972, notamment p. 157-168 (éd. fr. : *Age de pierre, Age d'abondance*, Paris, Gallimard, 1976).
3. *Op. cit.*, p. 159.
4. *Ibid.*

une efficacité magique des choses – à laquelle Mauss croit, ou feint de croire, aussi bien que le sage Ranapiri –, on conclura : « ce que je rends est le " produit " du *hau* ». A ce point, on est en droit de se demander si Lévi-Strauss n'a pas raison de dire que « l'ethnologue s'est laissé mystifier ». Non pas parce que la théorie de l'autre était « consciente », c'est-à-dire visait à mystifier, mais plutôt parce que l'explication n'en est pas une.

La « magie » n'est pas une explication, ni pour nous ni pour les Maori : c'est une manière de décrire ce qui se passe : je constate que « quelque chose » produit des effets. Dans le cas maori une « force » produirait une obligation et, plus étonnant encore, produirait *une autre chose* (« ce que je rends est le " produit " du *hau* »). Je pourrais, dit Sahlins, rendre directement à celui qui m'a donné; c'est cela la réciprocité. Pourquoi me faut-il un tiers? Mais si la « chose donnée n'est pas chose inerte [1] » mais « chose redoutable », c'est, selon Mauss, qu'elle conserve en elle-même quelque chose du donateur : « le *hau* [...] veut revenir au lieu de sa naissance [2] ». Elle passe de main en main pour revenir, irrésistiblement, à son point de départ. L'obligation de la réciprocité serait emblématisée par cette boucle; c'est du moins ainsi que le véritable théoricien de la réciprocité, Lévi-Straus, l'a conçue et imposée aux faits parentaux.

Reste à savoir si, dans les faits, cette « chose »-du-cycle peut effectivement parcourir le cercle : *si elle revient*. Doute fondé, aussi bien pour les choses inconnues du « don » que pour les transactions matrimoniales, champ d'élection, du moins pendant dix ans, de la théorie de la réciprocité. Il suffit de *lire* l'ethnographie sur laquelle s'appuie Mauss (à propos de la circulation des *vaygu'a* dans les transactions kula et des cuivres dans les potlatch) pour savoir que cela est hautement improbable. Ce sont là des détails, fâcheux peut-être pour la théorie, mais qu'il faut rappeler.

1. *Ibid.*, p. 161. – 2. *Ibid.*, p. 160.

Qu'est-ce qui revient donc au point initial, si l'on accepte la thèse maori retenue par Mauss? « Ma » chose – la chose que je donne – ne me revient que sous la forme d'un « équivalent ». Le *hau* de la chose qui, selon Mauss, revient au lieu d'origine, y revient sous une autre forme que sa forme originelle, celle de la chose où il se trouvait et que j'avais donnée. Le mystère de la réciprocité, à supposer toujours qu'elle existe, réside entièrement dans cette idée d'« équivalence » d'une chose que je donne avec une chose que je reçois, dans cette « transsubstantiation » qui assure la « ressemblance » de deux choses réellement différentes. Mais il n'est besoin ni d'exemples spectaculaires (potlatch) ni d'arguments savants (sur le *hau*) pour voir se réaliser ce processus; car c'est bien sur la base de l'équivalence de choses différentes confrontées entre elles que celles-ci sont d'abord évaluées et ensuite échangées : dans le simple troc, en effet, le critère de la valeur, de surcroît et nécessairement quantifiable, est déjà évidemment à l'œuvre.

Mauss semble préférer l'argument magique à ces simples constats de bon sens. Ainsi dans cet autre passage où il parle de « droit » : « Le lien de droit, lien par les choses, est un lien d'âmes, car la chose elle-même a une âme, est de l'âme. D'où il suit que présenter quelque chose à quelqu'un c'est présenter quelque chose de soi [...] accepter quelque chose de quelqu'un, c'est accepter quelque chose de son essence spirituelle [1]. »

Si le *hau* est l'« esprit » de la chose, il doit, à suivre Mauss, être un composé : de la chose et du « vrai » possesseur; mais dans le cercle de la réciprocité, où les choses sont censées circuler sans cesse, peut-on encore parler d'un « vrai » propriétaire? Il suffit de *suivre* le *ring* aux Trobriand pour s'apercevoir que, si l'on en croit Malinowski, tout individu impliqué dans ces transactions n'est qu'un propriétaire

1. *Ibid.*, p. 160-161.

temporaire, sans cesse obligé de donner à d'autres ce qu'il vient de recevoir [1].

Déjà la première définition du *hau* doit tomber puisque ce qui « force la chose à circuler » et « à rentrer à [...] son " foyer d'origine " [2] », c'est ce « double esprit » de la chose et, surtout, du propriétaire.

Si l'on complète cet argument par ce qui le précède et le sous-tend (ce qui explique peut-être pourquoi Lévi-Strauss a dévolu une bonne partie de son Introduction à Mauss à le critiquer), je veux parler de la théorie maussienne de la magie, force est de constater qu'en réalité l'interprétation que Mauss propose du *hau* est le calque, à quelques différences près que je vais maintenant examiner, de sa théorie de la magie, entièrement fondée sur sa version de la notion de *mana*.

Pour Mauss, les choses, plus encore qu'une « âme », ont un *pouvoir*. Ce que l'*Essai* ajoute, c'est que l'« âme » de l'homme qui donne passe par l'objet donné. Le pouvoir de la chose donnée est cette combinaison d'essences (de la chose et du donatcur « qui donne *sa* chose »), de même que la circulation d'« âmes » (« lien par les choses [qui] est un lien d'âmes ») s'effectue par des choses. Dans l'*Essai*, le pouvoir inhérent aux choses est le *hau*; mais en fait ce « pouvoir » a déjà un nom, ésotérique, parce que incompréhensible : c'est le *mana*. Le travail du concept, ici encore, n'est pas fait : Mauss pressent bien que le *mana* est un concept de base dont la définition est prioritaire, mais il en reste fasciné. C'est en

1. Ajoutons à cela ce que Malinowski lui-même relève dans cette circulation perpétuelle, à savoir que pour certains *vaygu'a* « de grande valeur », non seulement leur circulation est délimitée aux échanges entre « chefs » *(guya'u)*, mais que certains d'entre eux ne circulent guère. Cf. mon essai : « Kula, ovvero della truffa », in *Rassegna italiana di Sociologia,* Rome, 1973, 4, p. 559-593, où j'avais examiné le caractère aléatoire de ces circulations obligées. L'ouvrage devenu classique de Sing Uberoi, *Politics of the Kula Ring* (Manchester, 1962), a été pour moi, comme je crois pour d'autres, le point de départ de ces réflexions.

2. *Essai sur le don, op. cit.,* p. 161.

cela, bien plus que par sa prétendue passion pour la logique, qu'il est à mes yeux remarquable. « C'est de la magie », semble-t-il nous dire. En effet [1].

Lorsqu'une chose agit à distance, car c'est de cela qu'il est question, on parle de « fétichisme », ou de sorcellerie, plutôt que de réciprocité. Ou alors il faut dire (mais Mauss était un universitaire, pas un surréaliste) que le Mal et la Mort s'inscrivent aussi dans le domaine de la réciprocité. Pour le substantivisme de Mauss, l'objet-qui-oblige ressemble pourtant à un cadeau que vous fait le sorcier. A ceci près que, dans cette affaire de sorcellerie qui ne dit pas son nom, il ne faudrait plus parler que de « gages » ou de « prêts ». Car donner (ou vendre) une chose c'est l'aliéner, la recevoir (ou l'acheter), la faire sienne. Mais, quand la sorcellerie s'en mêle, les choses brûlent et d'habitude on les jette.

4

La nature de l'objet à rendre et / ou à donner (il faudrait inventer un verbe nouveau pour désigner cet acte circulaire, le terme « don » pour tout ce que je viens de dire n'est pas approprié) tend à se rapprocher de celle de la monnaie.

Dans une très longue note [2], Mauss affirme que le terme « monnaie » peut s'appliquer dans tous les cas : « Elles [ces choses] ont un pouvoir d'achat et ce pouvoir est nombré »; mais plus loin [3] à propos des *vaygu'a*, il déclare : « Les

1. La « théorie du *mana* » est, comme on sait, au centre de l'essai que Mauss écrit avec H. Hubert en 1902-1903 (« Esquisse d'une théorie générale de la magie »); repris dans le recueil *Sociologie et Anthropologie, op. cit.* J'ai, quant à moi, proposé une lecture dans mon ouvrage *La Route des morts,* Paris, Éd. du Seuil, 1980, p. 387-408.
2. *Essai sur le don, op. cit.*, p. 178-179, n.1.
3. *Ibid.*, p. 180-181.

vaygu'a ne sont pas choses indifférentes, de simples pièces de monnaie. [...] Chacune a un nom, une personnalité, une histoire, même un roman [...] Un simple contact en transmet les vertus [1] ».

Mais si le « pouvoir » (d'achat) de ces choses était effectif, c'est toute la théorie substantiviste – « magique » – de Mauss qui en prendrait un coup. Car ce « pouvoir », qui justifie le recours à la notion de « monnaie », est bien ce qui fonde le « pouvoir d'aliéner ». Or ce pouvoir-là est clairement en contradiction avec le prétendu « pouvoir magique » des choses. C'est parce que, selon Mauss, la chose garde une partie de l'essence (de l'« esprit ») du donneur, qui en est originairement et à jamais le possesseur, que la chose doit « lui revenir ». Dans ce cas, la chose n'est pas aliénable; elle n'est même pas *réellement* échangeable.

Dans cette même note, Mauss esquisse, plutôt hâtivement, une « histoire de la monnaie » : « certaines choses, dit-il, presque toutes magiques et précieuses [qui] n'étaient pas détruites par l'usage [ont été] douées de pouvoir d'achat [2] ». Cette « histoire » qui révèle d'ailleurs une indifférence totale pour les théories monétaires de l'économie politique qui, à cette date (1913-1924), ne manquaient pas, est surtout appuyée sur les exemples archaïques du cycle de la réciprocité, donner-recevoir-rendre, décrits dans la section III de l'*Essai* [3]. Formes pour le moins paradoxales, si on pense au *kula* et surtout aux destructions ostentatoires du potlatch, le premier désigné par Mauss comme « un cas suprême de l'échange des dons » et l'autre comme « une sorte de produit monstrueux du système des présents » [4]. Paradigme pour l'un, excès paradigmatique pour l'autre.

1. Ces remarques, à quelques détails près, s'appliquent à *toutes* les « choses » envisagées dans les échanges que Mauss choisit dans l'*Essai* : cuivres kwakiutl, nattes samoanes, etc.
2. *Essai sur le don*, *op. cit.*, p. 179.
3. *Ibid.*, p. 161 et *passim*. – 4. *Ibid.*, p. 213.

L'argument « magique », appuyé sur la version maussienne du *hau* (« force de la chose »), permet de déceler ce qu'il y a de commun aux deux cas : « il y a, avant tout, mélange de liens spirituels entre les choses qui sont à quelque degré de l'âme et les individus et les groupes qui se traitent à quelque degré comme des choses »[1]. Comme je l'ai déjà noté, les relations engagées sont *mixtes* : projets et effectuations où le « matériel » et l'« immatériel » – choses et âmes – se confondent. « On mêle les vies et voilà comment les personnes et les choses mêlées sortent chacune de sa sphère et se mêlent : ce qui est précisément le contrat et l'échange[2]. »

L'argument magique (je montrerai plus loin qu'il applique non seulement l'ancien principe de « sympathie », ou d'analogie extensive, mais aussi celui de « participation mystique », où sujet et objet se confondent, et qui revient à Lévy-Bruhl : de ce point de vue Mauss et Lévy-Bruhl défendent la même « cause ») en arrive ainsi à investir la théorie du Contrat. Cette dérive repose en fait sur un pur et simple *glissement* qui se lit clairement dans la citation où le Contrat *équivaut* à l'échange[3]. De telle sorte que, quand on parlera de l'échange, on pensera au Contrat comme à une relation qui « fusionne » ou « confond » sujet et objet (« choses » et « âmes » dans l'expression maussienne). Mais où, paradoxalement, cette « fusion » ne laisse personne dupe, puisque toute chose qui entre dans la relation d'échange doit revenir « à sa source ». Il y a là un amalgame idéologique réfutable par un retour, même rapide, au texte du *Contrat* : il suffit de lire Rousseau pour s'apercevoir que le Contrat n'est jamais un « échange », et que le « Pacte » provient de la nécessité d'aliéner un droit pour instaurer simultanément les conventions qui fondent le Droit. Cette aliénation concerne le « libre arbitre » de chaque individu, par quoi la *Diké* est possible et *reconnue*; de là

1. *Ibid.*, p. 163. – 2. *Ibid.*, p. 173.
3. D'où le recours à une notion qui les recouvre et qui, plus tard, devient la notion dominante et explicative : celle de *réciprocité*. (Sur ce thème, voir, ici même, chap. IV : « L'abondance des pauvres ».)

découle l'existence du corps social, de la communauté, où la nécessité de s'unir s'accompagne de la nécessité de rester libre. La clause de cette double nécessité est clairement exposée dans le chapitre VI du *Contrat* : le Contrat est « l'aliénation totale de chaque associé avec tous ses droits à toute la communauté »; « la condition étant égale pour tous, nul n'a intérêt de la rendre onéreuse aux autres »; enfin, « chacun se donnant à tous ne se donne à personne ». L'enjeu est encore plus explicitement précisé dans le chapitre VIII : « Ce que l'homme perd par le contrat social, c'est sa liberté naturelle et un droit illimité à tout ce qui le tente et qu'il peut atteindre; ce qu'il gagne c'est sa liberté civile et la propriété de tout ce qu'il possède. »

S'aliéner pour acquérir *sa* liberté : ce célèbre paradoxe – et hypothétique événement fondateur de la société – s'oppose à tous points de vue à la contrainte que décrit Mauss. L'obligation qui fonde, selon lui, la réciprocité (donner-rendre), c'est Rousseau lui-même qui la décrit comme l'anti-contrat : « S'il faut obéir par force on n'a pas besoin d'obéir par devoir et si l'on est forcé d'obéir on n'y est plus obligé [...]; céder à la force est un acte de nécessité; non de volonté; c'est tout au plus un acte de prudence. En quel sens pourrait-ce être un devoir [1]? » Or l'anti-contrat que Mauss ose appeler « don », c'est bien, à l'évidence, la compétition entre les individus, la dialectique maître-esclave où s'engage l'homme du Désir (*Begierde*) qui cherche à être reconnu par les autres : « Le simple désir devient désir de reconnaissance [; c'est] l'être négatif de l'homme : afin de réaliser la possibilité de nier et de transcender, en la niant, sa réalité donnée, [pour] *être plus et autre* [2] [...]. Si l'activité de l'autre réalise aussi cette négativité, chacun cherche la mort de l'autre [...]. Mais si l'homme risque sa vie, il le fait pour *forcer* la conscience de l'autre. Il doit engager une lutte pour la

1. *Du contrat social,* Paris, Gallimard, « La Pléiade », 1964, vol. III, chap. III.
2. Je souligne.

reconnaissance [1]. » L'enjeu était déjà clairement pressenti par Rousseau lui-même : « Sitôt qu'un homme *se compare* [2] aux autres il devient nécessairement leur ennemi, car chacun voulant en son cœur être le plus puissant [...] ne peut regarder que comme un ennemi secret quiconque ayant le même projet en soi-même lui devient un obstacle à l'exécuter [3]. » Et les paroles du chef Owaxaa'lag.ilîs kwakiutl lui font écho : « *Wa, wa! I say is enough, Ma'maleeqala. Now you have seen my name. This is my name; this is the weight of my name. This mountain of blankets rises through our heaven* [4]... »

S'il n'y a pas d'analogies entre le Contrat et la compétition, il n'y en a pas davantage entre les formes d'échange que Mauss se plaît à corréler : potlatch et *kula* en particulier. Obligé d'admettre un écart, il croit cependant le combler en déclarant que si le *kula* n'est pas un potlatch (et il ne l'est en rien en effet), « en tout cas, l'échange-don y est la règle [5] ». Comme l'obligation de donner et de rendre ne suffit pas à elle seule à définir la nature des relations de type potlatch [6], il faut encore supposer que toute transaction ébauche un antagonisme qui, de surcroît, entraîne la dépense, plus : la destruction. C'est sur la base de telles hypothèses que Mauss n'hésite pas à parler de « *potlatch* mélanésien [7] » : les Mélanésiens ont « conservé [et] développé le potlatch [...] tout le système des dons et de cette forme d'échange [8] ». Ils auraient même une monnaie (les *taonga* des Maori par exemple [9]); affirmation qui ne tient aucun compte des critiques de Malinowski concernant l'emploi abusif d'une telle notion [10]. Dans la présentation de quelques exemples mélanésiens, Mauss inter-

1. A. Kojève, *Introduction à la lecture de Hegel*, Paris, Gallimard, 1947, p. 52 (publié par Raymond Queneau).
2. Je souligne.
3. *Fragments politiques*, Paris, Gallimard, « La Pléiade », p. 478.
4. F. Boas, *The Social Organization and the Secret Societies of the Kwakiutl Indians*, Rep. US Nat. Mus. for 1895-1897, 1897, Washington, p. 311-738.
5. *Essai sur le don, op. cit.*, p. 171. – 6. *Ibid.*, p. 177 et *passim.* – 7. *Ibid.*, p. 172, n.1. – 8. *Ibid.*, p. 174. – 9. Cf. *ibid.*, p. 174, n.2. – 10. Cf. son article de 1923, cité par Mauss, *ibid.*, p. 178.

prète les transactions effectuées (prestations et distributions de biens et de nourriture) comme des potlatch, des gaspillages. Le *kula* serait un « grand potlatch », un « commerce d'ordre noble » (ce qui ethnographiquement, si l'on en croit Malinowski lui-même, est inexact). Or, le *kula* est circulaire, du moins idéalement (encore que les reconstitutions ethnographiques du *kula ring*, depuis Malinowski, cf. Powell et Uberoi, se soient toujours heurtées à des contradictions; il faudrait parler de *noyaux* plutôt que de circularité [1]). D'où Mauss conclut : « si la raison [de cette circularité] était dans une orientation quelconque de ces objets, tendant à revenir à un point d'origine et suivant une voie d'origine mythique, le fait serait alors prodigieusement identique au fait polynésien, au *hau* maori [2]. »

Lorsque, plus loin, Mauss tente de préciser la nature des échanges en Mélanésie, c'est à nouveau par le biais de notions liées au commerce, dans ces conclusions surprenantes : les Mélanésiens « ont une économie extra-domestique et [possèdent] un système d'échange fort développé [...]. Ils ont une vie économique étendue [...] un commerce considérable [...] ils remplacent vigoureusement, par des dons faits et rendus, le système des achats et des ventes (toutefois, plus haut, Mauss avait noté des « cycle [s] de prestations et contre-prestations usuraires [...] accompli [s] à côté du *kula* [3] »). [Mais ils butent sur] l'incapacité [qu'] ils ont [...] d'abstraire et de diviser leurs concepts économiques et juridiques. [...] Ces hommes n'ont ni l'idée de la vente, ni l'idée du prêt et cependant font des opérations juridiques et économiques qui ont même fonction [4] ».

Que dire alors des « monnaies » – « choses quantifiables et nombrées » – des « prestations usuraires », enfin, pour tout dire, de la réciprocité?

1. H.A. Powell, « Competitive leadership in Trobriand political organization », in *Journal of the Royal Anthropological Institute*, 1960, 90, p. 118-148; S. Uberoi, *op. cit.*
2. *Essai sur le don, op. cit.*, p. 179, n. 3.
3. *Ibid.*, p. 187. – 4. *Ibid.*, p. 193.

5

« Donner » (en quoi réside « l'essence du potlatch » selon Mauss), c'est d'abord ne pas garder pour soi, mettre en circulation des choses, en vue de maintenir, d'accroître ou de gagner ce à quoi tous les chefs évoqués dans l'*Essai* prétendent aspirer : la « force », le « prestige », l'*autorité*. Voilà le maître mot.

Corollaire : ne pas donner, c'est perdre ; chez les Kwakiutl, c'est perdre « le droit de porter le masque », « d'incarner un esprit »[1]. Mais on n'oubliera pas que donner c'est perdre aussi : renoncer à cc que l'on a. J'y reviendrai. Pour le moment, et si l'on s'en tient à l'argument de Mauss : je donne pour assurer et préserver des droits, en aliénant ma propriété et à travers elle une partie de moi-même. Dans cette logique, l'aliénation est non seulement fictive ou à tout le moins provisoire – puisque ce que je donne doit me revenir –, mais elle est un traquenard : « par le don, je te lie à moi » – ce qui suppose, à l'évidence, l'obligation de recevoir, « tu *dois* accepter »[2]. Pourtant, après avoir présenté comme décisive l'obligation initiale de donner, c'est autour de l'obligation de rendre que Mauss fait tourner toute l'affaire : « L'obligation de rendre est tout le *potlatch*[3] », et encore : « La sanction de l'obligation de rendre est l'esclavage pour dette[4]. » Mais rendre forcé, c'est déjà perdre, si c'est par crainte d'être forcé que je rends sans difficulté. On notera la circularité de l'argument : car c'est seulement dans la mesure où j'entre dans l'échange, où j'accepte de recevoir, que je me soumets à l'obligation de rendre.

C'est ici que Mauss fait intervenir l'explication substantiviste : les actes de donner, recevoir, rendre, sont tous induits

1. *Ibid.*, p. 206. – 2. *Ibid.*, p. 210 et *passim*. – 3. *Ibid.*, p. 212 et *passim*. – 4. *Ibid.*

par la « force des choses » : « il y a une vertu qui force les dons à circuler [1] ». Mais cette « vertu » ne semble pas être inhérente à toute chose, puisque toute chose n'entre pas dans les circuits du « don ». Mauss a beau ajouter : « Il n'est presque rien de moralement et de matériellement précieux (intentionnellement nous n'employons pas le mot : utile) qui ne soit l'objet de croyances de ce genre [2] », il est clair que la « force des choses » dont il est question n'agit que pour *certaines* d'entre elles, sûrement pas pour toutes [3].

De plus, toutes ces choses qui circulent, paradoxalement, ne s'aliènent pas. Ce sont des « objets de prêts, dit Mauss, plus que de ventes et de véritables cessions. [...] Au fond, ces " propriétés » sont des *sacra* dont la famille ne se défait qu'à grand-peine et quelquefois jamais [4] ». Ce qui est tout à fait *exact.* Comment alors parler encore d'obligation de donner, s'il ne s'agit que de « quasi »-aliénation, ou d'aliénation fictive, si on reconnaît qu'il n'y a pas de dons mais des *prêts?* Tout l'enjeu, tout le *mystère* – le mot n'est pas trop fort – réside en effet dans cette singulière opération où quelque chose s'aliène et ne s'aliène pas : le prêt. Nous voilà au cœur de toute l'affaire. Lorsque Mauss tente de qualifier plus précisément ce faux don qu'il décrit (tout en maintenant la fiction du « don »), il souligne que « ces choses s'identifient au donateur et au récipiendaire », ou encore qu'elles ont une « origine spirituelle » qui peut être « contenue », comme chez les Kwakiutl, dans une boîte [5]. « Chacune de ces choses

1. *Ibid.*, p. 214. – 2. *Ibid.*, p. 215, n. 1.

3. Ces choses, dites « talismans » ou « blasons », ne sont jamais des biens consommables ni surtout des biens immobiliers – lesquels, pourtant, sont à l'évidence des biens *très* précieux, aussi bien dans les sociétés « à don » que dans la nôtre. Étant donné l'importance de la tenure foncière, cette exclusion mériterait à elle seule un examen théorique. Personnellement, je l'ai esquissé dans mon cours de Nanterre [1982] avec la participation précieuse des collègues Alain Babadzan et François Ravault. Certaines thèses proposées dans ce cours sont reprises, dans ce même ouvrage, dans la section consacrée à la notion de *hau* [chap. III]. – 4. *Essai sur le don, op. cit.*, p. 216.

5. *Ibid.*, p. 217-218, et surtout la n. 2 de la p. 218.

précieuses, chacun de ces signes de ces richesses a [...] son individualité, son nom, ses qualités, son pouvoir. [...] en soi [elles ont] une vertu productrice [...] signe[s] et gage[s] de richesse, principe magique et religieux du rang et de l'abondance [1]. »

6

Mais c'est surtout dans la longue note sur le *nexum* latin que Mauss touche au cœur du problème qui domine l'*Essai* [2]. Dans le *nexum,* qui représente « l'une des questions les plus controversées de l'histoire du droit », comme il le rappelle, se trouvent impliquées l'aliénation et la possession des biens, ainsi que les statuts respectifs du donneur et de celui qu'il faut bien appeler l'endetté.

Le *nexum* est le *prêt.* Mauss suggère même, hypothèse naturellement trop vague pour être recevable, qu'il serait à l'origine de la monnaie. Le *nexum,* traduit par « gage[s] supplémentaire[s] », est ce qui est donné à l'occasion d'un contrat, accord que sa singularité, on le verra, rend difficilement assimilable au « don », même « primitif ». Mauss propose, citant un texte de Huvelin [3], de voir dans le *nexum* « ces échanges supplémentaires [qui] expriment par fiction [la fiction supportée par ces " symboles " de l'accord que sont en droit romain et en droit germanique les bâtonnets dit *stips* et la *festuca notata*] ce va-et-vient des âmes et des choses confondues entre elles. Le *nexum,* le " lien " de droit vient des choses autant que des hommes [4] ».

1. *Ibid.*, p. 218-221.
2. *Ibid.*, p. 229 et *passim.*
3. « Magie et droit individuel », in *Année sociologique*, X.
4. *Essai sur le don*, *op. cit.*, p. 230.

Cette première note, consacrée à la « rigueur » et à la « clarté » du *jus romanum*, est suivie d'une autre où Mauss souligne que le receveur, *accipiens*, se trouve lié (*nexus*) par la chose (*tradita*) qui lui est donnée accompagnée de « nœuds » (le tabou sur la propriété était indiqué par des nœuds ou faisceaux de paille – *festuca*, *fascio*). Et il ajoute : « la formule solennelle du *nexum* suppose [que l'*accipiens*] est *emptus*, acheté traduit-on d'ordinaire. Mais *emptus* veut dire réellement *acceptus*. L'individu qui a reçu la chose est lui-même, encore plus qu'acheté, accepté par le prêt : parce qu'il a reçu la chose et parce qu'il a reçu le lingot de cuivre que le prêt lui donne en plus de la chose [1] ». Le glissement opéré par ce commentaire révèle l'opiniâtreté de Mauss à ne pas vouloir reconnaître ce que le *jus* romain formule clairement : l'achat de la personne obtenu provisoirement et à titre de menace dans l'engagement du *nexum*.

Plus loin, Mauss établit une corrélation supplémentaire entre *nexus*, *damnatus* (de : *voti damnatus*) et *reus* : l'individu qui a fait un vœu est exactement dans la position de celui qui a promis ou reçu une chose. « Il est *damnatus* [2] jusqu'à ce qu'il se soit acquitté [3]. »

Résumons. Dans certaines transactions, que l'on peut caractériser comme essentiellement *différées* (non simultanées et non équivalentes au moment où l'accord est passé), le droit romain (et il faut ici rappeler que ces clauses sont perçues à Rome, aussi bien par Cicéron que par Sénèque, comme tardives et moralement dangereuses) fixe les modalités juridiques de certaines contraintes, et le *prix* à payer quand on accepte de s'y soumettre. Le symbole de ces contraintes, ce sont les liens emblématiques appelés *festuca* et dont le rôle, bien plus que d'illustrer la « confusion entre âmes et choses », est de rappeler que l'endetté, simplement, est lié à

1. *Ibid.*, p. 230, n. 5.
2. Qu'il faut traduire par « aliéné ».
3. *Essai sur le don, op. cit.*, p. 235, n. 4.

son créditeur (ainsi, au Moyen Age, du recours aux *festuca,* les célèbres « fétus » des rituels d'adoubement). La contrainte à laquelle doit se plier l'*accipiens,* c'est de tenir son engagement, en l'occurrence de rendre plus qu'il n'a reçu, le *nexum* étant, justement, le « gage supplémentaire », l'intérêt du prêt, dirions-nous maintenant. Tel est le prix à payer pour être quitte de la menace qui a plané jusqu'alors sur l'endetté : celle d'être définitivement *damnatus,* aliéné dans sa personne. L'autre prix à payer, au cas où le *nexum* n'est pas rendu, c'est l'« endettement physique » du débiteur non solvable, qui, de provisoirement lié qu'il était, devient *emptus :* acheté. C'est d'ailleurs le sens de la proposition que Mauss retient : cet homme « est *damnatus* jusqu'à ce qu'il se soit acquitté [1] », ce qui ne l'empêche pas de parler encore du *nexum* comme d'un « don » et du « don primitif » comme d'un équivalent de l'exemple romain. Le vice du raisonnement consiste à maquiller en « don » un acte qui n'en est pas un. *Nexum,* comme le rappelle d'ailleurs Mauss lui-même, signifie bien : contrat de vente, obligation pouvant entraîner l'esclavage pour dette; c'est bien autre chose que le *donum* impliqué dans l'acte de *donare,* lequel est défini sans ambiguïté par le *jus* romain comme l'acte de « tenir quitte d'une obligation », de « renoncer à poursuivre ». Or Mauss, sans mentionner le *donum,* parle du *nexum comme s'il* en était un. Mais le Don, le vrai don, est une perte sèche, non une prestation conçue comme une contrainte à partir de laquelle s'amorce la spirale terrible de l'endettement.

Et si ce dont il s'agit réellement est un prêt, on n'a guère besoin pour le comprendre de faire appel à un « lien » ni à « une personnalité et une vertu » des choses; on n'a pas à être surpris qu'il y ait des choses aliénables : « vivres, bétail, métaux, argent », et d'autres qui, par contre, échappent à la manipulation : biens immeubles [2]. On n'a pas non plus

1. *Ibid.*
2. *Ibid.*, p. 233.

besoin de supposer que : « La *res* [chose] a dû être, avant tout, ce qui fait plaisir à quelqu'un d'autre », mais elle reste marquée par le sceau du propriétaire, ni que celle-ci lui resterait liée comme « elle lie l'actuel possesseur jusqu'à ce que celui-ci soit dégagé par l'exécution du contrat, c'est-à-dire par la tradition compensatoire de la chose, du prix ou service qui liera à son tour le premier contractant »[1]. Les chaînes de la prestation usuraire, car c'est de celle-ci qu'il s'agit, marquent dans leur chair même ceux qui ont la faiblesse de l'accepter. C'est, plus encore que de la magie, de la sorcellerie, où se mêlent angoisse et désir, avidité d'avoir et peur de perdre. L'erreur de Mauss commence lorsque, pour des raisons que j'arrive mal à comprendre, il veut que le prêt soit un don, que la réelle positivité de ce dernier se confonde avec l'obligation terrible que l'usure impose à celui qui y recourt, au risque même de sa liberté, *pour avoir ce qu'il n'a pas*. C'est bien là que commence l'usure : lorsque le désir, ou le besoin d'avoir, est si fort qu'on met en péril son âme pour le satisfaire.

7

Les généralisations concernant les formes d'échange qui rentreraient dans la pratique du « don », constituent sûrement la partie la plus contestable de l'*Essai*, mais aussi celle qui a rencontré le plus d'adhésions, et a le plus contribué à populariser le discours maussien.

Derrière l'amalgame injustifié entre *kula, potlatch, piloupilou,* etc., on peut naturellement trouver quelques raisons

1. *Ibid.*, p. 233-234.

qui éclairent le sens que Mauss entend donner à la *nécessité* de l'échange. Ce que je viens de dire à propos du prêt, qui est effectivement le *sujet* de l'*Essai*, est confirmé, en partie du moins, par la nécessité d'accepter (le prêt), laquelle crée une obligation, donc une relation non équivalente [1]. Reste à savoir, une fois rétabli le nom véritable de cette forme d'« échange », si on est en droit de lui reconnaître la valeur positive de fondement d'une morale (morale de l'échange où se réalise la « réciprocité »). S'il n'est pas possible d'identifier Contrat et Échange (ou « don ») [2], et s'il est attesté que l'échange peut se pratiquer, et se pratique intensivement, indépendamment de l'obligation de donner et de rendre (et surtout de rendre plus) dans toutes les variantes du troc, on peut se demander à quelle nécessité répond l'enjeu du prêt (dit « don »). L'effort de Mauss dans l'*Essai* est bien d'élucider cette question et, de ce point de vue, *kula* et potlatch, à condition d'avoir été au préalable purifiés de toute étrangeté, sont bien les deux formes d'une même nécessité : celle de lier des hommes entre eux.

Commençons par le potlatch. Qu'est-ce que le potlatch *en plus* d'un cycle obligatoire de transactions? « En plus », car contrairement à ce que Mauss veut qu'il soit, il n'est pas simplement un « système de dons échangés ». Ajouter : « *il n'en diffère que* par la violence, l'exagération, les antagonismes [3] », c'est comme dire que *tout* (guerres et rituels aussi bien) n'est que « forme d'échange ». L'ethnographie nous invite à nous demander ce qu'est un potlatch, non pas « réussi » (qui a atteint son but), mais exacerbé (qui ne l'a pas

1. Dans nos sociétés cette nécessité peut être créée par le prêteur lui-même; dans les exemples cités par Mauss, l'absence de monnaie véritable, l'existence de « circuits de prêts », et le caractère non utilitaire des biens prêtés-empruntés donnent aux circuits d'échange envisagés une spécificité irréductible. Il me semble simplement que si une notion pouvait contribuer à éclairer le problème, c'était celle de prêt bien plutôt que celle de don.

2. Voir, ici même, chap. IV, « L'abondance des pauvres ».

3. *Essai sur le don*, *op. cit.*, p. 197 (je souligne).

atteint). C'est, répondrais-je, un dernier recours, aussi paradoxal qu'un suicide, *pour gagner*. Ce dernier recours est une dépense, une perte, du gaspillage. D'où l'aspect spectaculaire, « insensé », qui l'a rendu célèbre en Occident. L'homme du potlatch « dur » est celui qui en arrive à détruire ses propres biens : cuivres, ou, en période acculturative, couvertures.

Le simple bon sens oblige à admettre que *détruire,* ce n'est ni *rendre* ni *donner;* sûrement pas s'acquitter. Même le suicide, qui se pratique aussi dans le potlatch, et qui pourrait s'interpréter comme une manière d'être quitte, est bien plutôt, comme détruire, le moyen de supprimer toute possibilité de s'acquitter. Et cela vaut aussi bien pour l'Indien de Vancouver que pour les banquiers de Wall Street. Pour comprendre le potlatch, c'est donc le gaspillage qu'il faut examiner, comme l'avaient bien vu Veblen et Bataille.

8

Dire que les prestations ostentatoires, comme il en existe en effet dans certains potlatch, sont des « gaspillages » est probablement juste. Mais accumuler *pour* consommer excessivement, c'est aussi gaspiller, ce n'est pas exactement détruire. Dans l'abondance conviviale, dans les ripailles, c'est l'excès dans la consommation qui est recherché. Or la destruction *ôte* des choses à la distribution, et donc aussi à la consommation.

Enfin, si le *pilou-pilou* néo-calédonien (prestations somptuaires de biens et de nourriture lors de cérémonies importantes) ou le *kula* trobriandais (transactions différées dans le temps, et portant sur des biens précieux) diffèrent des potlatch où l'ostenstation débouche sur la destruction, mais n'implique aucune « commensalité », il ne faut pas oublier que tous ces actes ostentatoires qui impliquent, il est vrai, des « engagements usuraires » (les prêts nécessaires pour accumuler) ne sont impératifs, récurrents et spectaculaires que parce qu'ils sont *rituels*. L'erreur de Mauss – et en cela il est le précurseur de toute une tendance encore actuelle de l'ethnologie – est ici de réduire des cérémonies à des marchandages déguisés. De même que la parcimonie n'est pas l'opulence (le *welfare* n'est pas l'*affluent*), ni l'ostentation la destruction, un rituel n'est pas un « système de prestations » totales, ni l'engagement par le prêt une obligation de réciprocité. S'il est vrai que pour « avoir ce qu'on n'a pas » et pouvoir l'exhiber on a recours au prêt, et que, de la Mélanésie à la côte nord-ouest américaine, ce recours est connu et pratiqué, le lien qui enserre l'endetté est commandé par la nécessité d'avoir en excès, à laquelle le prêt seul permet de répondre. C'est donc par l'impératif de l'ostentation agonistique que le prêteur « tient » l'emprunteur. Il faut ajouter que l'ostentation ne s'accompagne pas forcément d'agonisme : pour rester aux Trobriand, les cérémonies *milamala* – fêtes funéraires qui coïncident avec l'époque des récoltes – sont l'occasion d'exhiber des biens accumulés, mais elles ne présentent aucune des formes agonistiques de type *kula* [1]. Dans les exemples présentés par Mauss dans l'*Essai*, le gaspillage peut prendre la forme pure de la destruction ostentatoire : celle du sacrifice, quc Mauss inclut parmi les « dépenses ostentatoires ». La réduction du sacrifice à une « dépense ostentatoire », qui suppose une sorte d'engagement réciproque entre le divin et les hommes est encore une manière de banaliser, en le « sécularisant », un phénomène auquel on n'arrive pas autrement à donner sens.

1. Cf. mon « Kula, ovvero della truffa », art. cité.

9

Dans un texte de 1933, « La notion de dépense [1] », qui contient en germe celui de 1949 *(la Part maudite)*, Bataille propose une lecture de l'*Essai* qui déplace sensiblement le centre de l'argument de Mauss. En privilégiant le potlatch comme paradigme d'une structure de relation, et en le rapprochant d'exemples sacrificiels, surtout aztèques, Bataille identifie la dépense comme *la* fonction décisive. Mauss, lui, n'envisageait la dépense qu'à l'intérieur d'une autre fonction, plus vaste et plus impérative : celle de l'échange. Ce qui doit dès lors être réinterprété, ce sont les rapports entre la dépense et les fins utiles (« buts rationnels »), rapports qui sont, chez Mauss comme dans l'anthropologie actuelle, à l'exclusion d'un Sahlins, rapportés à un besoin général de conservation de l'espèce, « qui, note Bataille, fournit à la production l'apparence d'une fin [2] ».

Selon Bataille, la thèse de l'*Essai* rendrait caduque l'hypothèse économiste selon laquelle l'« ancêtre du commerce [3] » est le troc. Mauss prouverait – à son corps défendant – que c'est le potlatch, « prêt avec intérêt », qui est « la forme archétypale de l'échange [4]» ; cette pratique, qui exclut le marchandage (l'accord recherché), consiste en « dons osten-

1. Je cite l'excellente version italienne annotée (Bertani, Vérone, 1972, p. 41-57). Cf. l'éd. fr. in *Critique sociale*, VII (1933).

2. *Ibid.*, § : Insuffisance du principe classique d'utilité. Je me suis toujours étonné que l'anthropologie qui adhère au dogme de la réciprocité n'ait jamais, à ma connaissance, commenté les thèses de Bataille. Surplus, emploi du surplus, utilité, équilibre *vs* surplus : tous ces thèmes s'y trouvent déjà abordés. Peut-être ces thèses obligeraient-elles à repenser des notions que l'on croit assurées, à commencer par celle qui, de Godelier à Clastres, fait l'unanimité : la notion d'utilité, et donc aussi celle de rationalité.

3. « La notion de dépense », art. cité, § : Production, échange et dépense improductive.

4. *Ibid.*

tatoires », offerts en vue « d'humilier, de défier, d'obliger le rival [1] ». On est à l'évidence bien loin de la réciprocité (ou alors il faudrait parler de réciprocité conflictuelle, sorte de forme archaïque de l'équilibre de la terreur). Bataille en est d'ailleurs parfaitement conscient. La « valeur d'échange du don » lui semble découler de ce que le bénéficiaire du « don », s'il veut effacer l'humiliation que lui inflige le « donataire », doit accepter le défi et assumer l'obligation de « répondre » par un « don » plus important; c'est-à-dire « restituer *ad usuram* [2] », par un surplus (plus loin, Bataille définira l'usure comme « surplus obligatoire »). C'est pourtant dans cette description de l'enjeu que Bataille commet une erreur d'évaluation.

Si, en effet, le potlatch est la forme archaïque de l'échange, on ne voit pas comment la pratique de la destruction des biens, présente et réitérée dans cette institution du gaspillage, peut être une modalité de l'échange (j'ai déjà soulevé la même objection, plus haut, au texte de Mauss). Alors même que Bataille fait la distinction entre don et destruction, en notant, justement : « c'est ainsi que le *potlatch* atteint le sacrifice [3] », la remarque : « mais le don peut être considéré [...] comme une perte ou une destruction partielle [puisque] le désir de détruire est déversé en partie [*sic*] sur le donataire [4] », est à l'évidence fausse. Il suffit de relire Mauss lui-même. Plus loin, Bataille note justement que la destruction bloque, en principe, la réponse (l'obligation de rendre). « C'est par la reconnaissance d'une qualité positive de la perte » – de la dépense – « qu'il y a honneur, rang, *pouvoir* [5] ». « Le rang est lié à la richesse, mais à condition que la richesse soit partiellement sacrifiée à des dépenses improductives [6] ».

1. *La Part maudite,* in *Œuvres,* Paris, Gallimard, t. I, version III, p. 70.
2. *Ibid.,* p. 73; et « La notion de dépense », art. cité.
3. *La Part maudite, op. cit.,* p. 77.
4. « La notion de dépensc », art. cité.
5. *La Part maudite, op. cit.,* p. 78.
6. « La notion de dépense », art. cité.

Donc, en un sens, le pouvoir est bien « pouvoir de perdre », car « seulement par la perte la gloire et l'honneur sont sauvés [1] ».

Mais ce « pouvoir de perdre » est tout juste à l'opposé de l'« obligation de donner-et-de-rendre » sur laquelle est bâtie l'idéologie du Don dans l'*Essai*. Si j'accepte l'idée de perdre, et l'applique en aliénant définitivement des biens qui m'appartiennent, c'est parce que je sais, en le souhaitant peut-être, que ce bien qui est à moi ne me reviendra plus, ni sous sa forme originelle ni sous une autre. Il faut choisir. Ou bien Bataille a raison en décrivant le potlatch comme réalisation du pouvoir de perdre, mais alors c'est la définition qu'il en propose (« forme archétypale d'échange ») qui perd son sens; ou bien c'est Mauss qui a raison – de voir dans le potlatch l'illustration paroxystique des obligations de donner et de rendre –, mais alors c'est le potlatch qui n'est plus lui-même si on admet que le gaspillage – la *perte* – lui est intrinsèque.

Le point important aux yeux de Bataille, c'est que pour perdre il faut des moyens; et que l'accumulation de biens, là où elle se rencontre (comme chez les Kwakiutl), ne vise pas à mettre à l'abri du besoin ceux qui en disposent : « Fonctionnellement, dit Bataille, et au contraire, [l'abondance] est soumise à un besoin de dépense démesurée [2] ». Et il ajoute : « Le surplus [...] ne peut pas faire l'objet d'une pleine appropriation – on ne peut pas en faire un usage utile [...] pour accroître, par exemple, les forces productives [3] » – ce qui serait, notons-le, la thèse canoniquement marxiste. « La dilapidation de ce surplus devient elle-même objet d'appropriation [...]. On ne s'approprie [de la sorte que] le prestige [...] [4]. » Ainsi, conclut-il, « le rang dans la société [...] peut être

1. *La Part maudite, op. cit.*, p. 72.
2. *Ibid.*
3. *Ibid.*
4. *Ibid.*, p. 73.

approprié de la même façon qu'un outil ou une tenure [1] ». « L'échange, très tôt, a été subordonné à une finalité humaine » qui n'est pas, dit-il, celle de subsistance; car, « dans cette économie, la production et la consommation utiles n'ont qu'une valeur relative : la valeur authentique appartient à la consommation inutile [2] ».

La critique de Bataille à l'encontre de l'idéologie économiste fondée sur l'utilité dont dépendent nos définitions du travail et de sa finalité, le progrès, est un peu courte. Je veux dire que pous nous, contemporains, la réfutation de l'utilitarisme au profit de la positivité originelle de la dépense, si elle est encore recevable ne l'est qu'à condition que l'on y apporte plusieurs modifications. Les thèses de Bataille me semblent marquées par l'état de pénurie dans lequel se trouvaient les sociétés industrielles d'Europe au lendemain de la Seconde Guerre. Aujourd'hui, dans une phase de désordre géo-économique où les dépenses ostentatoires atteignent des formes extrêmes et terrifiantes (celle du gaspillage militaire en particulier), cette défense de la dépense, considérée comme « valeur authentique », opposée aux principes utilitaristes, appelle quelques mises au point.

J'écarte, tout d'abord, les applications tardives et passagères des thèses anti-utilitaristes des années soixante-dix : micro-communisme autarcique et précaire de l'« économie alternative », fondée sur la récupération et installée aux marges de la production dominante; constitution de sociétés – *non garanties* – de consommation; refus affiché, et encore assez peu risqué, de l'intégration productive. Tout cela légitimé, de manière vague et cependant puissante, par le recours à l'idéologie primitiviste (« retour aux sources », « ethnicisme », « ruralisme »), véritable discours réactif à l'utilitarisme, forme *vécue* de la crise de l'idée de progrès, qui atteignait alors les masses, et qui était annoncée et pensée

1. *Ibid.*, p. 75.
2. *Œuvres, op. cit.*, p. 634.

depuis les années trente : il suffit de songer à Husserl et à Heidegger. Ces phénomènes appartiennent encore à une phase « simple » qui est déjà loin; dépassée. Elle a duré, en fait, un peu moins d'une dizaine d'années (1968-1975).

Cette phase se trouve depuis quelques années « grossie » par d'autres phénomènes. Tout d'abord la crise de l'utilitarisme n'entraîne aucunement, ni dans le discours officiel et légitimant ni dans ses puissantes applications, sectorielles et générales, un ébranlement de la vision organisationnelle de la production, de la foi dans le progrès (entendu exclusivement au sens technologique), dans la « rationalité » (réduite à une rationalité du travail et de la productivité). Tout ce que l'on peut dire, c'est que l'idéologie utilitariste entretient, en feignant de les ignorer, des contradictions qui semblent plutôt favoriser l'ossification de certains dogmes : au point que la course désespérée à la prétendue rationalité débouche dans l'utopie d'une part, dans la répression de la pensée de l'autre (avec le règne du scientisme). Cette crise se traduit par une véritable fuite en avant : errance ontologique, vacillation de toutes les valeurs assumées comme intrinsèquement relatives, *et* foi angoissée dans les possibilités des technologies; cette logique du nihilisme en acte a été clairement décrite par Heidegger. Comme tout grand déclin, celui de la pensée rationnelle semble suivre l'évolution des maladies qui s'arrêtent seulement après avoir dépassé le stade ultime : le *fullness,* l'accomplissement du dérèglement. Nous n'en sommes pas encore là.

Inhérente aux sociétés « post »-industrielles, à leur pseudo-« rationalité » appliquée au cycle productif, la marginalisation massive et sans cesse accrue d'une partie des forces productives a pour conséquence l'inadéquation non seulement chronique mais non maîtrisable entre les forces et les moyens de production. Le problème de l'emploi ne semble plus se poser dans les termes « classiques », définis, il y a un demi-siècle déjà, par Keynes : l'équilibre utilitariste se fondait alors *politiquement* sur une dialectique de l'emploi et de la productivité et sur une dysfonction nécessaire, programmée et contrôlée, entre besoins productifs et chômage. Alors même que ses applications semblaient couronnées de succès (période de forte expansion; extension de la société de consommation) et qu'il semblait partout admis (planifications, programmations et autres formes d'organisation à vaste échelle à partir d'un pouvoir d'État), ce modèle commençait déjà à devenir obsolète. Son échec maintenant avéré n'a pourtant pas empêché qu'on l'exporte (sous forme de programmes d'« industrialiation tous azimuts ») dans les pays ex-coloniaux, maintenant « en voie de sous-développement ».

L'état de pénurie dramatique qui caractérise ces sociétés confirme et complète à l'échelle planétaire l'échec de l'idéologie utilitariste : la rationalisation géo-économique du travail et des ressources humaines et naturelles, bien plus ambitieuse que les formes impéralistes du colonialisme triomphant du siècle dernier, éclate en irrationalités et tend irrémédiablement à ce que l'information et les politiques appellent « conjoncture de crise » – ce qui est une manière de dire, sans le dire, que la *ratio* techno-utilitariste a fait naître un volcan désormais incontrôlable.

Il est inutile, me semble-t-il, de souligner l'écart toujours plus grand qui sépare désormais le refus existentiel – et réel parce que *permis* – de l'idéologie utilitariste fondée sur l'impératif du travail et l'aspiration au plein emploi, le thème de la positivité du gaspillage limitée au niveau de la consommation individuelle [1], et la charte rêvée d'une méga-culture divisée en aires qui communiqueraient par « échanges » de biens, de travailleurs et de techniques, dans une dépense bien tempérée et libératrice.

1. « Projet généralisé du capitalisme développé qui vise à ressaisir le travailleur parcellaire comme " personnalité bien intégrée au groupe " [et à réaliser] une *restructuration sans communauté* », comme l'écrivait Guy Debord (*Société du spectacle*, Paris, Buchet-Chastel, 1967, p. 129) dans un livre auquel il faut *toujours* rendre hommage.

Dans ce contexte, un phénomène domine et intègre les autres, phénomène que l'information, chargée de baliser les fausses pistes, et la loi du silence imposée par les responsables politiques rendent difficile à examiner. Il s'agit du gaspillage à grande échelle de l'économie de guerre « en temps de paix », censée « constituer des forces destinées à préserver la paix », et dont il est sûr au moins qu'elle favorise la mise en place d'une immense industrie sous forme de « complexes militaro-industriels », dont Bataille avait lui-même souligné l'originalité et la redoutable importance. Mais c'était encore dans une optique « progressiste », influencée par le choix que la guerre froide imposait alors aux consciences.

En cette fin de millénaire, les « chances » qui nous restent de *survivre anthropologiquement* sont fondamentalement liées à cette gigantesque dépense ostentatoire dans laquelle se retrouvent, à des degrés divers et selon des formes hélas absolument inédites, « ostentation », « logique de la rivalité », « dilapidation de surplus pour accroître, maintenir, ou gagner l'autorité », « défi nécessaire pour asseoir le pouvoir », etc. L'acquiescement de l'opinion à cette forme de dépense est assurée par des « consciences ayant droit de parole » (savants, philosophes, persuaseurs froids des médias, « humanistes »); ainsi cautionne-t-on l'arrogance technologique par quoi l'essor industriel est autorisé à se fonder essentiellement sur l'accroissement des chances de destruction; la revendication de la force comme seul moyen de triompher de la pénurie et des dysfonctions; les croisades destinées à propager des « valeurs » qui ne sont, à l'évidence, que des façades; enfin et surtout la coopération forcée de la science et des technologies avancées. L'abondance pour des fins non utilitaires dont parlait Bataille est bel et bien réalisée.

10

Bataille appelle « don de rivalité » l'acte ostentatoire qui est au centre du potlatch. « Il n'y aurait guère de problème du *potlatch,* note-t-il encore, si le vrai, dernier, problème concernait l'acquisition et non la destruction de biens utiles [1]. » Et dans une note, il précise : « Le potlatch ne peut être unilatéralement interprété comme une consommation de richesses [...]. C'est récemment que j'ai pu réduire la difficulté et donner aux principes de l' " économie générale " une base assez ambiguë : c'est qu'une dilapidation est toujours le contraire d'une *chose,* mais qu'elle n'entre en considération qu'entrée dans l'ordre des choses changées en *choses* [2]. »

Comme d'autres avant lui, mais de manière plus concise, Bataille retient de l'*Essai* ce qui définit l'institution du potlatch : la dépense, pouvant aller jusqu'à la destruction, d'un excédent : « Nous devons : donner, perdre, ou détruire. Mais le don n'aurait pas de sens, et par conséquent nous n'accepterions jamais de donner, s'il ne prenait pas le sens d'une *acquisition* [3]. Il faut donc que le donner devienne une acquisition de pouvoir [4]. » Car s'il y a richesse obtenue à travers le potlatch – « qui est consommation pour autrui » –, c'est aussi parce que l'« autre est modifié par cette même consommation [5] ».

Le pouvoir du Don, pour Bataille, c'est le pouvoir de perdre; à l'opposé, dans la théorie de la réciprocité il ne peut y avoir « perte » pour la simple raison qu'une « perte » marquerait le début d'un déséquilibre dans la relation. Le potlatch

1. *La Part maudite, op. cit.,* p. 71.
2. *Ibid.,* p. 71, n. 2.
3. Je souligne.
4. *La Part maudite, op. cit.,* p. 72.
5. *Ibid.*

offre certes la possibilité d'une revanche : c'est lorsque celui qui reçoit impose à son tour son « pouvoir du Don » : « dans un sens, remarque Bataille, les cadeaux sont rendus avec usure. Ainsi le don est-il le contraire de ce qu'il semblait [1] ». Cet aspect contradictoire du *potlatch* est trompeur. Car le donneur *subit* le gain apparent qui résulte de la différence entre ses propres dons et ceux qu'il reçoit. En fait, loin que l'équilibre soit rétabli, c'est toujours un nouveau déséquilibre qui s'instaure. Citant Mauss, Bataille dit lui-même : l'idéal du *potlatch* n'est pas pour cela « réductible au désir de perdre » : ce que le *potlatch* apporte au donneur ce n'est pas tant le surplus de dons dus à la revanche, « c'est le rang conféré à celui qui a le dernier mot [2] ». L'instauration d'un rapport de domination est bien une relation d'inégalité conquise, et dans ce cas le « pouvoir du Don » c'est le pouvoir de dominer, même provisoirement, celui qui se *soumet* au Don (noter que dans le cas du potlatch *stricto sensu* l'enjeu concerne presque exclusivement des chefferies et des lignées de chefs), ou alors « quelque part » il faut absolument postuler, sans preuves ni arguments, que la perte (en biens) du donneur *équivaut* au gain constitué par la soumission du receveur. Pour admettre ce dernier argument il faut *croire* (à la réciprocité) et non pas raisonner.

Alors que Mauss envisageait la « dépense » à l'intérieur d'une fonction plus vaste, celle de l'échange, Bataille envisage la « dépense » comme fonction holiste, incluant la nécessité de l'échange. De là découle un véritable renversement des rapports entre fins et moyens et donc une mise en question de l'utilité jusqu'alors définie comme l'orientation de la production par la préoccupation de l'autoconservation, « qui fournit à la production, dit Bataille, l'apparence d'une fin ».

Lorsque Bataille parle du potlatch comme de la forme archétypale de l'échange usuraire (« un prêt avec intérêt »)

1. *Ibid.*, p. 73. – 2. *Ibid.*

qui remplace le troc, « ancêtre du commerce », dans les théories économistes, ce qui l'intéresse c'est qu'une telle pratique « exclut le marchandage [...] est constituée par des dons ostentatoires [...] *afin d'humilier, défier, obliger* [1] le rival, toujours à l'occasion d'un changement de statut [2] ».

Comme on le sait, cette surenchère destinée à écraser l'autre (nous sommes toujours et exclusivement dans la logique du potlatch, à laquelle n'appartient aucune des autres formes d'échange envisagées par Mauss) peut aller jusqu'à la destruction (du « don » et même du « donataire » dans le cas où il se suicide). Bataille distingue le Don de la destruction du Don (chose que Mauss ne faisait pas), et note justement : « C'est ainsi que le *potlatch* atteint le sacrifice » religieux. Pour ajouter : « mais le don peut être considéré aussi comme une perte ou une destruction partielle : le désir de détruire est déversé en partie sur le donataire [3] ». Il y a là une manière sans aucun doute inédite et fructueuse d'envisager les aspects *positifs* de la perte : nous sommes loin des théories monotones sur le sacrifice, dans lesquelles ce dernier assume répétitivement et tautologiquement une vague fonction intégrative que toute autre institution sociale serait aussi bien en mesure d'assumer. La perte crée ou préserve « noblesse », « rang », « honneur » (« Le rang, ajoute Bataille, est lié à la richesse, mais à condition que celle-ci soit partiellement sacrifiée à des dépenses improductives – fêtes, spectacles, jeux [4] »). Toutefois, il faut bien admettre *aussi* que la destruction bloque, en principe, toute possibilité de réponse : celui qui a tout détruit ne peut plus rien rendre, ni par conséquent recevoir. Dans cet ultime pari, il se trouve au sommet de son ascension, et au plus près de l'abîme. Il faut donc bien supposer que s'il va jusque-là, c'est que le prestige qu'il s'acquiert a des chances

1. Je souligne.
2. « La notion de dépense », art. cité, § : Production, échange et dépense improductive.
3. *La Part maudite, op. cit.*, p. 77.
4. *Ibid.*, p. 73.

de suffire à ce que les autres se trouvent contraints à lui donner à nouveau, mais, cette fois, en dehors de l'obligation de *rendre*. Une suite de transactions usuraires se termine ainsi dans l'inégalité absolue, et paradoxale, où le gagnant, qui n'a plus rien, a droit à tout, et où les perdants, qui ont encore, lui doivent tout.

11

Je voudrais, pour conclure, examiner les deux thèses qui sous-tendent l'argument central de l'*Essai*. La première, plausible mais insuffisamment étayée, soutient que consommer rituellement et détruire des biens, alimentaires ou autres (des cuivres et des couvertures dans le potlatch), *c'est la même chose*. Consommations ostentatoires, transactions agonistiques; potlatch amérindien, *pilou-pilou* calédonien [1]; participations rituelles à la dépense collective (fêtes trobriandaises *milamala* comme toute forme sacrificielle) : dans l'argument de Mauss, ces pratiques sont égalisées, c'est-à-dire confondues.

La deuxième thèse implicite soutient que la dépense, y compris sous la forme extrême de la destruction, n'est concevable que dans le cadre de transactions spectaculaires, « cérémonielles [2] ».

A la lettre, consommer c'est détruire en s'appropriant. Or c'est un mode d'appropriation non seulement courant – nécessaire à la survie –, mais qui, dans les sociétés archaïques,

1. Mais le *kula* trobriandais, ne comportant ni dépense, ni gaspillage, ni même commensalité rituelle, comme le montre la rencontre entre Dobu et Trobriandais décrite par Malinowski, ne peut en aucun cas appartenir à la classe des dépenses-gaspillages.

2. M. Mauss, *Œuvres*, Paris, Éd. de Minuit, 1968, t. III, et *Essai sur le don, op. cit.*, p. 194 et *passim*.

s'entoure de toutes sortes de précautions (interdits, liturgies, calendriers rituels) très clairement exposées dans cette dialectique culinaire que Lévi-Strauss a popularisée dans et hors de l'anthropologie.

Or, à l'évidence, la destruction liée à l'« aliénation-qui-engage » (« donner du mien pour que tu me donnes du tien ») est d'une autre nature. En d'autres termes, les dépenses ostentatoires qui ont pour fin la consommation n'entrent pas dans la logique de l'aliénation. Il faudrait restaurer l'idée même d'aliénation dans son acception de *perte :* on aurait tout à gagner, si l'on peut dire, à considérer l'aliénation non pas comme une évidence – ce qui est le cas dans nos sociétés, qui sont censées la pratiquer couramment sous la forme d'achat et de vente de n'importe quoi – mais comme un problème [1].

Pour revenir à la première thèse (consommer rituellement et détruire des biens c'est la même chose), il est vrai que toute dépense ritualisée comporte pour les participants l'obligation d'y contribuer. Il y a donc bien lieu de parler ici, encore que de manière très générale, d'« obligation de donner ». Toutefois l'*Essai* privilégie les cas où l'obligation de donner –

1. Cela va, mais en partie seulement, dans le sens de Bataille qui écrit, dans *La Part maudite :* « Le sacrifice restitue au sacré ce que l'usage servile a dégradé, rendu profane [...] – a rendu chose-objet – ce qui, profondément, est de la même nature du sujet [...]. Il n'est pas nécessaire que le sacrifice détruise à proprement parler l'animal ou la plante dont l'homme dut faire une chose à son usage. Il lui faut du moins les détruire en tant que choses, en tant qu'ils sont *devenus des choses* [cf. le *nexum* et l'esclavage qui peut s'ensuivre, où le débiteur, *reus,* devient la " chose " pour l'autre]. Or la destruction est le meilleur moyen pour nier un rapport utilitaire entre homme, animal, plante. » On sait la part positive, au sens de non utilitariste, que Bataille reconnaît au religieux, ce « consommer sans profit », où l'offrande, parce que détruite, « ne peut plus être restituée à l'ordre réel – [" à la pauvreté des choses "] –, celui de l'utile » (p. 61).

Je me serais rallié à ces thèses si la pratique *obligée* de la destruction des choses ne caractérisait pas, outre les holocaustes et hécatombes, l'acte même de l'ingestion des aliments, véritable destruction mais destruction utile. Contradiction profonde que maintes formes initiatiques traditionnelles (l'initiation consistant à « apprendre la manducation aux initiés »).

« essence du potlatch » – vise d'autres effets que la simple convivialité rituelle. Pour reprendre la formule substantiviste de Mauss, ce sont des cas où, à travers la chose, on donne une partie de soi-même, créant ainsi une obligation qui ressemble beaucoup à un hameçon. « Si on me donne (et si j'accepte), je *dois* donner. » L'impératif du don suppose toujours un préalable qui est un « déjà reçu ». Sinon il faut admettre que l'écart instauré par la hiérarchie et l'autorité est tel qu'alors le *donner* (ainsi dans presque tous les exemples de l'*Essai*) exprime une « prodigalité ». C'est la thèse de Bataille, fondée sur l'argument maussien : celui qui donne est celui qui *doit* être généreux, et qui l'est pour défendre son rang. Mauss reconnaît que le potlatch est un moyen, très délibérément mis en œuvre, pour maintenir un ordre hiérarchique fondé sur le « prestige », la « force », l' « autorité ». On peut néanmoins dépenser *sans* donner : en détruisant. L'exhibition agonistique est une manière de dire : « ceci ne sera plus à moi, ni à personne ». Mais si je détruis, en perdant mon bien, je brise aussi des liens. Je n'ai plus de comptes à rendre à personne, plus de dettes à rembourser; au contraire, tant que je rends forcé de rendre, c'est que j'ai déjà perdu. Ici, l'usure est tout entière orientée par la compétition.

Or, qu'est-ce qu'un engagement usuraire, l'acceptation du prêt qui m'est tendu et qui m'attrape? Qu'est-ce que je deviens en devenant débiteur? Nous entrons dans ce travail de l'usure qui tisse, aussi bien sur les plages du Nord-Ouest américain que dans nos villes, ce singulier réseau aussi abstrait que contraignant où le prêt devient maléfice, et le besoin à jamais inassouvi. Avoir en prêt, c'est une drôle de manière d'« avoir ». Si singulière et si puissante qu'elle a sa part non seulement dans l'« évolution » de la société humaine qui l'a adoptée avec enthousiasme, mais dans sa planétarisation au cours de ce siècle. Le miracle, et le mystère, de l'usure est qu'à travers elle j'obtiens ce que je n'ai pas, mais en m'engageant. Or cet engagement – mise en gage – se fonde uniquement sur l'écart (provoqué?) entre un besoin et son assouvissement. Dans cet écart s'inscrit le jeu, souligné par Mauss dans l'*Essai*, du « crédit » et de l'« honneur ». Tout se passe comme si l'honneur était un « besoin » que l'endettement seul pouvait satisfaire et qu'en même temps il faille, pour le reconquérir, s'être dégagé de toute dette. Étrange paradoxe, qui a partie liée avec le temps : le prêt accordé consacre ou restaure l'honneur, mais au-delà d'un certain délai, il se retourne contre lui et le menace.

Autre écart, donc, entre le prêt et son remboursement dans les exemples de l'*Essai*, mais aussi dans la situation mondiale actuelle. Écart temporel qui creuse un abîme où tout est possible : la victoire et l'échec, la guerre et l'abondance. « Le " temps ", dit Mauss, est nécessaire pour exécuter toute contre-prestation [...] le don entraîne *nécessairement* la notion de crédit [1]. [...] C'est sur un système de cadeaux donnés et rendus à terme que se sont édifiés d'une part le troc, par simplification, par rapprochements de temps autrefois disjoints, et d'autre part, l'achat et la vente, [...] et aussi le prêt [2]. » On voit ici s'exprimer l'équilibrisme évolutionniste de Mauss : ignorant les thèmes classiques de l'économie politique évolutionniste, à commencer par celle de Marx, il fait du Don l'ancêtre du troc, puis de l'achat-vente, puis du « prêt ». Mais on note que dans ce modèle évolutif la notion de *valeur*, préalable logique à toute transaction, est tout simplement absente. C'est dire que pour Mauss l'usure est déjà à l'œuvre dans la « réciprocité » de l'échange, où donner et rendre ne sont pas simultanés.

L'inverse du prêt serait le troc, ou toute autre relation à la fois symétrique et synchronique. Mais l'exemple central *et le modèle* du Don selon Mauss consiste essentiellement en une structure asymétrique. Il n'y aurait là rien de surprenant si cette relation était envisagée comme dynamique, cause réelle

1. Je souligne.
2. *Essai sur le don, op. cit.*, p. 199.

et potentielle d'écarts et de *risques.* Ce qui est singulier c'est que dans la thèse maussienne elle fonctionne comme *modèle de réciprocité,* c'est-à-dire garant d'équilibre. Nous touchons ici à ce qui a permis la reprise de l'argument en clef structurale. On sait la fortune qu'il a eue, ainsi transposé, dans les *Structures élémentaires de la parenté* de Lévi-Strauss.

Pourtant l'échange qui engage, et où domine la non-synchronie des actions dites de « réciprocité », a pour fin de combler des manques et pour effet d'induire des risques. C'est en cela, et en cela seulement, que la dette est dynamique. C'est d'ailleurs le dynamisme que relève Mauss lorsqu'il dit, à propos du pari, que : « Il n'engage que l'honneur et le crédit, et *cependant fait circuler des richesses*[1]. » D'où ensuite la remarque, teintée de perplexité, « il y aurait lieu d'étudier la notion de richesse elle-même [...] nous n'avons strictement qu'à indiquer le rapport entre la notion de richesse, celle d'autorité, du droit de commander à ceux qui reçoivent des cadeaux, et le potlatch : elle est très nette[2] ». Veblen avait lui-même pressenti l'importance de la richesse comme abus paradoxal, à la fois déterminé par l'accumulation et stimulé par la dépense[3]. Que dire alors du « dynamisme » de l'échange-par-dette? Pour Mauss, il est nécessaire et positif parce qu'il noue, et que le lien – c'est cela la théorie de la réciprocité – est en lui-même nécessité et positivité. Et on a cru à ce lien-là au point d'en faire l'archétype de la positivité communautaire.

1. *Ibid.,* p. 201, n. 1 (je souligne). – 2. *Ibid.,* p. 203, n. 3.
3. T. Veblen, *The Theory of the Leisure Class,* Londres, 1899 (trad. fr. Paris, 1970), notamment les chap. II et III (« Rivalité pécuniaire »; « Loisir ostentatoire »).

12

L'un des points clefs dans l'argument de la réciprocité est celui qui pose que la chose s'*identifie* à l'agent. A cela plusieurs justifications, dont les unes appartiennent à la thématique de la magie telle qu'elle se développe dans l'École française de sociologie des religions, et les autres qui s'apparentent aux thèses de Lévy-Bruhl concernant le « prélogique » et vis-à-vis desquelles Mauss n'a jamais véritablement tranché. Mauss fait sienne cette thèse sur l'« identification » à partir d'un constat : *posséder* (une chose) c'est (aussi) être pour cette chose un *agent,* c'est-à-dire, en quelque sorte, lui donner une existence. Même si, du point de vue de la jurisprudence occidentale (et moderne), le terme d'« agent » peut paraître singulier, l'argument mérite examen. Il permet de cerner un des principaux lieux d'achoppement dans les confrontations entre le droit occidental-colonial et le droit coutumier des peuples colonisés. Si, pour un Occidental, posséder une chose implique le droit de l'aliéner, cela ne va pas de soi dans la plupart des droits coutumiers où le « droit de possession » n'implique pas nécessairement un « droit d'aliénation », en particulier s'il s'agit de biens fonciers, comme les administrateurs coloniaux et les géographes le savent bien.

Donner une chose c'est donc, dans l'argument maussien, « donner une partie de soi-même ». Il faut néanmoins souligner encore que cette possibilité est niée catégoriquement pour la chose la plus précieuse, à savoir la terre. Restriction qui, à elle seule, devrait poser plusieurs problèmes de nature aussi bien symbolique qu'épistémologique aux tenants de la théorie de la réciprocité. J'ajouterai que la proposition selon laquelle la chose possédée s'identifie à l'agent-possesseur en entraîne une autre selon laquelle « *être* c'est *avoir* ». Cette dernière proposition, qui est une hypothèse de l'ethnologue, devrait être mise en relation avec l'absence générale, en Océanie, d'un équivalent d'« être », et celle, non pas générale mais très courante, d'un équivalent d'« avoir [1] ».

« Être-eue » c'est, en quelque sorte, pour une chose ce qui la *définit;* et réciproquement, avoir une chose ce serait – mais jusqu'où? – être la chose elle-même.

Vrai ou faux, cela est clairement dit dans les passages de l'*Essai* où transparaît la thématique lévy-bruhlienne : « il y a, avant tout, mélange de liens [2], ou encore : « On mêle les âmes dans les choses; on mêle les choses dans les âmes [3]. » Mais est-il nécessaire que soient « mêlés » deux étants différents, un sujet et une ou plusieurs choses, pour que puisse se constituer une relation de contrat, quand nous savons que le Contrat se

1. Ce qui m'appartient – d'où les lacets de la « réciprocité » – ne peut littéralement être donné, sinon fictivement. Or cette « chose » qui se prête sans jamais se donner, plusieurs auteurs l'ont appelée « valeur », Mauss lui-même « monnaie », et on peut suivre dans l'*Essai* les glissements successifs qui conduisent à cette désignation. Un commentaire Maori auquel Mauss se réfère parle du « hau-du-*taonga* » (« force, d'où " valeur " d'où " prix "?) de la chose ». A partir de là, Mauss tente de voir dans le *taonga* non pas une simple chose, mais une chose dotée d'attributs magiques, en rapprochant *taonga* de *tahu,* racine trans-polynésienne qui appartient au champ de la sorcellerie. Ce champ est décrit dans l'ouvrage capital d'A. A. Koskinen (*Kite : Polynesian insights into knowledge,* Helsinki, 1968) où le *tahu-* de *tahu-nga* est rattaché à une racine proto-polynésienne « appliquée à de nombreux rites concernant le feu » (p. 35). *Tahu-nga* n'a semble-t-il rien à voir avec *taonga,* où l'on retrouve plutôt une racine présente aussi dans *taoa* (généralement traduit par « propriété », ou, sous sa forme verbale, par « donner en propriété »). Cette racine est le préfixe *taa, ta* (qui peut devenir *faa, fa'a, ha),* utilisé pour verbaliser le mot auquel il s'adjoint, mais aussi indépendamment, pour exprimer la possession. Dans le dictionnaire hawaiien de Handy et Pukui on lit, à propos de la traduction de nos deux auxiliaires : *« To have, to possess : no words in hawaiian. Commonly expressed by* ha *followed by a possessive. » « To be : the copula may by entirely omitted, or represented by verb markers [...] or by* Ha. » Le *ha (faa, fa'a, ta, taa)* se rapporterait donc à celui qui a, ou qui « est possédant ». En tout cas, la corrélation sémantique entre *taonga* et *tahu-nga,* qui rattacherait la possession au feu et à la sorcellerie, est trop floue et hasardeuse pour servir de base à l'attribution, aux choses possédées, de pouvoirs magiques qu'il faudrait encore convertir en « valeur » puis en « prix » pour arriver à la « monnaie ».

2. *Essai sur le don, op. cit.,* p. 163. – 3. *Ibid.,* p. 173.

noue entre deux « volontés », et pas nécessairement par le truchement et l'entremise de « choses »? Et surtout, si donner ou échanger étaient, comme on le soutient après Mauss et Lévi-Strauss, « sortir de soi-même », cet abandon de soi signifierait la destruction du sujet. L'argument, si on le développe, suppose que non seulement la chose est ce qu'elle est parce qu'elle est mienne, mais que je suis ce que je suis parce que je suis elle; que je dépends d'elle dans mon être comme elle dépend de moi dans le sien. Il faudrait que je sois, moi aussi, une chose; conséquence à peine formulable, où « je » s'annule. Les possessions inaliénables des sociétés archaïques signifient sûrement que certaines choses n'y sont que comme les miennes, mais d'où tire-t-on la réciproque, qui veut que je ne sois que comme chose, « mélangeable » à d'autres choses. Où serait le sujet responsable du transfert des choses?

Il faut ici revenir en arrière. A la chose, « identifiée » à l'agent, au sujet et à l'objet *confondus :* c'est bien à partir de ce « constat » que Lévy-Bruhl parlait de « confusion », version sociologisée de ce que le même auteur appelait la « participation mystique ». Il faudrait un chapitre entier pour commenter le sens de ce glissement par lequel la sociologie a *traduit* l'expérience mystique – illumination, extase, transe, ou tout autre terme qu'on veut bien utiliser –, qui suppose presque toujours une initiation, des préparatifs, aussi bien physiques qu'intellectifs, et concerne des individus et des situations toujours vécues comme exceptionnelles, en un état culturellement déterminé par la pensée. Non pour attribuer à ces cultures une plus grande propension à ce type d'expérience, mais pour leur dénier *in toto* les capacités intellectives des cultures qui ont, comme la nôtre, perdu leurs traditions. Le pré-logique n'est-il pas en effet cette pensée « qui ne fait pas le lien », c'est-à-dire qui « ne distingue pas » [1]? A ce point

1. Leenhardt, disciple, admirateur et continuateur des préjugés de Lévy-Bruhl, écrit dans son célèbre *Do kamo* pour expliquer pourquoi le Mélanésien n'est pas en mesure d'anthropomorphiser le monde (ne peut

de vue, Mauss objecte que « si toute représentation collective [...] est liée aux institutions sociales et au milieu social, oublier ce lieu, le collectif, [...] aboutit à des descriptions incomplètes [1] ». La faute de Lévy-Bruhl, en somme, aurait été de ne pas faire assez de sociologie. Quant à la thèse clé du pré-logique, elle lui paraît supposer une excessive passivité. « La participation, observe-t-il, n'est pas seulement une confusion [...] [c'est plutôt] un effort pour s'identifier aux choses [...]. La participation suppose un effort pour confondre, un effort pour faire se ressembler. Elle n'est pas une simple ressemblance, mais une *homoiosis.* » A l'origine, « il y a violence de l'esprit sur lui-même pour se dépasser lui-même; il y a dès l'origine une volonté de lier [...]. De sorte que, même dans les formes primitives de l'*homoiosis* il y a acte : l'homme s'identifie aux choses et identifie les choses à lui-même ayant à la fois le sens des différences et des ressemblances qu'il établit [2] ». Mais, dans un débat public avec Lévy-Bruhl, Mauss fait observer qu' « il n'est nullement certain que [des] parties considérables de notre mentalité ne soient pas encore identiques à celles d'un grand nombre de sociétés primiti-

donc pas distinguer l'homme et la nature) : cette procédure « concerne les cultures déjà sécularisées et évoluées. Le Mélanésien est loin de ce stade. Il ne rapporte pas à soi la nature : il n'en n'a pas une vue anthropomorphique ». Plus loin : « Dans ce manque d'anthropomorphisme repose l'une des raisons profondes de ces situations que les philosophes ont montrées comme caractéristiques de la mentalité primitive : l'absence de distance entre gens et choses, l'adhérence de l'objet et du sujet, et toutes les participations dans un monde que l'œil ne regarde que sous deux dimensions. Il faut songer, en effet, que ce n'est pas le Mélanésien qui a découvert l'arbre, mais bien l'arbre qui s'est révélé à lui, comme il arrive à l'objet à l'origine de toute connaissance » (Paris, Gallimard, 1949, p. 30-31). A ma connaissance, aucun ethnologue de mon temps n'a non seulement relevé l'explicite base raciste de ces arguments mais interrogé sérieusement de quel pré-logique il s'agissait : celui des observés ou, comme je le pense, celui de ce célèbre observateur?

1. Cf. « Mentalité primitive et participation » (extrait du *Bulletin de la Société française de philosophie,* 1923), « L'âme, le nom et la personne » (*ibid.,* 1929), republiés in Mauss, *Œuvres* (Représentations collectives et diversités de civilisations), *op. cit.,* t. II, p. 125-135.

2. M. Mauss, *Œuvres, op. cit.,* p. 130-131.

ves ». Et, de manière significative, il donne comme exemple de « survivance » le « péché et l'expiation », c'est-à-dire le religieux. Face à de tels arguments, on peut se demander jusqu'à quel point Mauss adhère à l'idée du « dépassement » de l'esprit par lui-même. Car si la participation était vraiment l'abolition recherchée de la séparation du sujet et de l'objet, la modernité qui (hors les survivances) semble l'exclure devrait être un retour en arrière, et la primitivité une avancée – alors que c'est exactement l'inverse qui est sans cesse réaffirmé.

Tous ces thèmes se trouvent déjà formulés dans le texte d'Hubert et Mauss sur la magie. La pensée magique s'y présente comme une pensée de la nécessité analogique, de laquelle dépend une *certaine* expression de la causalité. Cette thèse ne diffère pas en substance de celle de Lévy-Bruhl, si ce n'est qu'à ce dernier les analogies primitives apparaissent « inouïes », alors que pour Mauss elles sont « naturelles », comme il est naturel que dans une culture « moderne » existent encore des « survivances ». Mais le procédé identificatoire, l'usage *archaïque* (non scientifique) de l'analogie, est postulé comme pré-logique chez Lévy-Bruhl, comme « primitif » ou comme « survivance » chez Mauss. Or c'est entièrement sur cette possibilité eidétique – de pouvoir (s')identifier – que repose la possibilité même de l'échange tel qu'il est décrit dans l'*Essai*, et de la théorie de la réciprocité qui l'accompagne.

13

La notion latine de *res* (« objet », « bien », mais aussi « fait », « événement », « affaire ») est centrale pour la définition de la réciprocité-dans-l'échange, s'il est admis que celle-ci, comme impératif, découle de l'« esprit de la chose », comme l'affirme Mauss. Il y a donc à définir le concept d'une « chose » qui à la fois « a » un esprit et *doit* circuler. Mauss, pour ce faire, rapproche *res* et *reus* [1], qui en latin désigne « la partie en cause dans un *procès (res)* » – ou encore : « celui qui doit une *chose* », *res,* autrement dit le débiteur. C'est ce dernier rapprochement qui intéresse Mauss, et il peut être retenu à condition que l'on y préserve la distinction entre objets et agents.

La relation d'échange examinée par Mauss met en jeu ce qu'il faut bien appeler un faux-don, c'est-à-dire non pas un don, mais un prêt. Une prestation qui engage, un acte qui lie, instaurant une dialectique où l'idée même d'un « don libre » devient un non-sens [2]. C'est justement parce qu'il n'y a pas de liberté dans la relation que la « réciprocité » s'instaure, et que se nouent des liens positifs *et* nécessaires (mais surtout nécessaires). Mauss, en privilégiant ce qui semble être le premier sens du terme latin *emere* (« *Emere,* c'est prendre, accepter quelque chose de quelqu'un [3] »), sur le sens classique d'*acheter,* suggère que toutes les transactions y compris l'achat et la vente, véritable et archétypale forme d'aliénation, sont des variantes de la même forme originaire du Don qui n'en est pas un, celui qui noue et constitue la « réciprocité », et où le récipiendaire est toujours un *reus.* « Le contractant [...] *reus,* dit Mauss, c'est [...] l'homme qui a reçu la *res* d'autrui, et devient à ce titre son *reus,* c'est-à-dire l'individu qui lui est lié par la chose elle-même, c'est-à-dire

1. *Essai sur le don, op. cit.,* p. 235-236.

2. Quelques remarques étonnantes de Mauss en disent long sur son idéologie du don. Il affirme « qu'aucun don n'est libre ou désintéressé »; il n'y a donc pas de don; que « des contre-prestations [pour] payer [...] services et choses, [pour] maintenir une alliance profitable ». Citant Malinowski et son ethnographie trobriandaise, il commente : « le don entre époux » (et cela serait vrai, selon lui, de tous les rapports sexuels dans l'humanité entière) c'est, en fait, « le paiement » " constant " de l'homme à sa femme, [...] sorte de salaire pour service sexuel rendu ». Dans le monde de la réciprocité « positive » donc, pas de don, ni d'amour, seulement de l'intérêt (*ibid.,* p. 268).

3. *Essai sur le don, op. cit.,* p. 238.

par son esprit [1]. » On comprend mieux alors le choix fait par Mauss pour l'étymologie de *reus* : « *reus* est originairement un génitif en-*os* de *res* et remplace *rei-jos*. C'est l'homme *qui est possédé par la chose* [2]. [...] [mais] Hirn et Walde [...] traduisent ici *res* par " procès " et *rei-jos* par " impliqué dans le procès " [3] ». Traduction arbitraire, commente Mauss, car « supposant que le terme *res* est avant tout un terme de procédure [4] ». On ne comprendrait pas pourquoi le sens premier de *res* et de *reus* (« chose » et « débiteur ») exclut le passage au second (« procès » et « partie en cause – demandeur ou défendeur – dans un procès ») si Mauss, étrangement, ne voyait dans la première relation une véritable prise de possession *du débiteur par la chose.*

Sans doute, la particularité des échanges pratiqués en Mélanésie et sur la côte nord-ouest américaine, et qui ont tant intrigué Mauss et ses prédécesseurs, est indéniablement liée au *type* particulier des objets qui y circulent. C'est à propos de ce type d'objets que Mauss avance l'idée d'une « vertu » que les choses auraient et qui les forcerait à circuler. Ces choses circulent parce que, semble-t-il, elles sont faites *pour* circuler, à cette restriction paradoxale près qu'en même temps elles ne sont pas aliénables : « elles sont objet de prêt plus que de ventes ou de véritables cessions »; « Au fond, ces " propriétés " sont des *sacra* dont la famille ne se défait qu'à grand-peine et quelquefois jamais [5] ». Elles ont une « vertu productrice [...] signe et gage de richesse, principe magique et religieux du rang et de l'abondance [6]. » Plus loin : « quand on considère en même temps [ces] formes permanentes de richesses qui sont également objet de thésaurisation et de potlatch alternés, [...] toutes sont confondues avec leur usage et avec leur effet [7] ». « Si on donne les choses et les rend, c'est

1. *Ibid.*, p. 235.
2. Je souligne.
3. *Op. cit.*, p. 235.
4. *Ibid.*
5. *Essai sur le don, op. cit.*, p. 216.
6. *Ibid.*, p. 220-221. – 7. *Ibid.*, p. 226.

parce qu'on *se* donne et *se* rend [...] on *se* donne en donnant, et si on *se* donne c'est qu'on *se* doit – soi et son bien – aux autres [1]. »

Les choses – mais certaines choses seulement, ou toutes les choses? – seraient donc des « contenants d'identité », et c'est pour cela qu'elles posséderaient des attributs exceptionnels. Ainsi des reliques, propriétés immémoriales qui témoignent de l'origine et de l'identité des individus qui les possèdent. Mais je pourrais en dire autant de toute chose qui est une marchandise, ou qui peut le devenir, car les choses qui entrent dans les transactions commerciales expriment l'« état » coagulé de l'action humaine à l'état fluide [2] », et elles sont aliénables parce qu'elles *sont(-à-)moi.* Les choses dont parle Mauss ne seraient donc, après tout, que des marchandises parmi d'autres. Et pourtant, les meilleurs exemples de « contenants d'identité » ne sont pas ce que Mauss appelle parfois des « talismans », objets précieux qui devraient selon lui préfigurer la monnaie. Ce sont plutôt les « fétiches », objets de culte en tant qu'« objets qui représentent », *effigies* avant même d'être – si tant est qu'elles puissent jamais le devenir – des « valeurs ». A l'évidence, ces « choses » ont par excellence les propriétés dont parle Mauss, mais, justement, *elles ne circulent pas* [3].

Retenons pour un moment la thèse de Mauss : ces objets qui sont des *sacra,* dont on ne se défait qu'à grand-peine et quelquefois jamais, qui circulent mal ou pas du tout, ces choses où se sédimente le temps ne pourraient devenir choses-qui-circulent que pour engager l'autre; alors c'est cette contradiction, entre circuler et ne pas circuler, être

1. *Ibid.*, p. 227.
2. G. Debord, *op. cit.*, 1967, p. 23.
3. Mais les *taonga* maori, *exemplum* dans l'*Essai,* n'ont jamais été pour les Maori des « véhicules du *mana* », comme le voudrait Mauss. Sur la nature des *taonga,* je renvoie le lecteur au chapitre suivant, consacré à la notion de *hau* (objets *mana* en tant que « choses qui ont une force », cf. M. Mauss, *Esquisse d'une théorie de la magie* (1902-1903), in *Sociologie et Anthropologie, op. cit.*, p. 96 et *passim*).

« valeur » et « talisman », ne pas être monnaie et engager l'autre comme ferait une monnaie, bref, c'est la nature *composite* de ces objets qui devrait en priorité être expliquée. Ce que Mauss ne fait, ni ne peut faire, pour la simple raison qu'en diluant le « don » jusqu'à en faire l'archétype de toute transaction, il noie aussi ces choses-là parmi toutes les autres, d'où ces propositions vagues qui cherchent en vain à les définir : « la vertu des choses les force à circuler », « les choses contiennent une parcelle de leur possesseur », etc.

Pour pallier ce vide notionnel, il me semble nécessaire de maintenir fermement la nature contradictoire de ces objets telle qu'elle ressort de la lecture de l'*Essai.* Je propose de considérer ces objets comme des « trappes », mises en circulation à la manière de véritables appâts, et *signifiant*, entre autres choses, que leur propriétaire ne craint pas d'aliéner « ce qu'il a de plus précieux ». Trappes, appâts, qu'est-ce à dire? Que ce sont des objets qui doivent *attirer*, que l'autre doit les convoiter parce qu'ils lui *manquent* avant d'être pris au lacet redoutable de la « réciprocité ».

Trappes du sorcier, trappes du prêteur. Dans les deux cas, les appâts (« paquets », *bundles*) du sorcier, « parures » des circuits d'échanges, ont pour caractère fondamental (d'être)-et-de-ne-pas-être : de ne pas être des effigies mais d'être *sacra* (« choses précieuses »); d'être des « valeurs » mais de ne pas être des monnaies; d'être idéellement archétypales et donc immuables – et d'être *(fictivement?)* en circulation, c'est-à-dire de risquer toujours de se perdre; d'être aliénables et de devoir revenir à leur possesseur initial. Les appâts du prêt entrent dans les circuits spécifiques (ni troc, ni échanges cérémoniels, ni achat-vente) du *faux-don* où celui qui donne ne donne pas, et prend ainsi au piège le récipiendaire, lequel, d'ailleurs, *sait* que le Don n'en est pas un; le donneur donne donc pour obliger l'autre, qui, d'une manière ou d'une autre, *croit* à la « non-obligation ». Toutes les difficultés du « don » maussien tiennent à cette ambiguïté qui renvoie, justement, à la nature composite des objets donnés, qui sont des *simu-*

lacres, sans être des « fétiches » de marchandises ni des « fétiches » tout court, c'est-à-dire des effigies [1].

Voyons s'il est possible d'en dire plus, à partir de deux *intuitions* par où Mauss est véritablement pionnier, mais qui sont aussi la cause de certains de ses égarements, comme il arrive souvent dans l'aventure qui s'appelle anthropologie. La première s'énonce ainsi : la « force » des choses en question

1. La parure (natte, pendentif, brassard, « blason » – ainsi que les cuivres kwakiutl), la chose qui est cet hameçon dont je parle, est certes « symbole » dans ce sens premier que sa référentialité n'est pas *évidente,* ni immédiate, comme pour tout autre signe; mais comme le serait aussi une monnaie (qui est aussi un symbole, personne n'en doute), sans en avoir effectivement le statut et la fonction (d'où les objections toujours pertinentes de Malinowski à ce sujet et que Mauss règle trop rapidement).

L'objet qui s'en rapproche davantage, sans pourtant qu'on puisse l'identifier, est l'*idole,* ou « effigie », ou « fétiche » (la difficulté à le définir dans notre langue tient justement au fait que ces notions n'ont pas été définies – mieux vaudrait dire : re-définies). Comme je l'ai déjà noté dans le texte, plusieurs propriétés que Mauss y décèle et qui l'amènent à parler de « talismans » sont en effet celles des effigies. Or l'effigie (statue, statuette, poteau sculpté, etc.) est d'abord un simulacre; copie-d'une-copie, ce qui est à la place de ce qui est absent; seulement après on peut en parler comme d'un « symbole ». Cette problématique, à laquelle je renvoie le lecteur qui voudrait en savoir davantage, je l'ai esquissée dans le cadre du séminaire « Position de l'objet dans la croyance » (Nanterre, depuis 1977) et formulée dans quelques publications de la revue *Res,* Peabody Museum, Harvard, USA.

Tout ce que je voudrais dire dans cette note en espérant faire entrevoir au lecteur toute la complexité d'une théorie de l'objet archaïque qui reste entièrement à faire (de ce point de vue le sémiologisme a joué un rôle néfaste et inhibant qu'il faut dénoncer), c'est que la dialectique entre image et original, ou effigie et modèle, ou présence et prototype, à laquelle, pendant quelques années, j'ai cru, devrait être profondément modifiée. Elle suppose une prétention *métaphysique,* d'allure platonicienne, c'est-à-dire propre à un *certain* Occident, devenue monnaie courante, et parfois même sans que les tenants de cette dialectique en soient conscients, qui est inadéquate pour des effigies qui ne sont pas des *icônes* et qui ne visent pas l'atteinte d'une « vision » du vrai, ici de la vraie image : le Prototype. Les effigies dont je parle n'ont pas de rapport d'identité avec un prétendu original ou prototype; ce sont à la lettre des copies-de-copies, et comme telles utilisées. A ce sujet, je renvoie le lecteur à un texte récent que j'ai écrit : « Quelques remarques sur le peu de savoir que nous avons des masques », in *Cahiers de psychologie de l'art et de la culture*, vol. 8, Paris, École nationale des Beaux-Arts, 1983.

les *apparente* à ces « moyens » que sont les monnaies, entendues au sens classique d'équivalents universels. A partir de quoi Mauss ira jusqu'à les traiter exactement *comme* des monnaies (ses hésitations n'ébranlent pas l'ambition qu'il a d'esquisser, comme il le dit lui-même, une théorie (évolutive) de la monnaie). La seconde : l'« échange-don » est en fait un *endettement* qui noue le prétendu partenaire dans une relation où, en définitive, il risque sa propre aliénation, jusqu'à l'extrémité de l'affaiblissement et de la mort-*mate,* comme dit le texte maori.

Or, contrairement à ce que soutient Mauss, cet engagement n'a pas grand-chose à voir avec le Contrat [1], mais bien plutôt avec une ruse : il s'agit de faire *comme si* substances et identités différentes étaient mélangées; cause (agent) et effet (objet) entrent alors dans une dialectique que nous avons du mal à saisir, et qui est celle de la « magie » – plus précisément, en l'occurrence, celle de la sorcellerie.

On pourrait faire valoir que la monnaie, indépendamment des propriétés qui en font une valeur quantifiable et un équivalent universel d'échange, peut aussi servir à *lier* et à introduire dans l'échange où elle intervient une forme pernicieuse de dépendance dont le *nexum* romain illustre les dangers. Tel est bien d'ailleurs l'argument sur lequel s'appuie la théorie évolutive de la monnaie esquissée dans l'*Essai :* ignorant délibérément l'économie politique de son époque, qu'elle soit keynésienne ou marxiste, Mauss préfère voir dans la monnaie moderne une sorte de version épurée des dons empoisonnés qui circulent dans la « réciprocité ». Assuré qu'il dispose d'une théorie suffisante de la magie, ainsi que d'une théorie suffisante de la monnaie, il situe en quelque sorte les biens précieux du « don » à mi-chemin entre la sorcellerie pure et la pure rationalité marchande : encore pris dans la gangue de la magie primitive, mais déjà orientés vers l'abstraction monétaire.

1. Cf. chap. IV, « L'abondance des pauvres ».

Ces choses, dotées d'une vertu positive qui peut toujours se changer en pouvoir négatif, je proposerais pour ma part de les considérer comme des *contenants d'identité,* où se dépose tout ce qui confère à la chose même mais aussi à son (ses) possesseurs(s) un droit – et des pouvoirs – ontiques(s). Comme telles, elles possèdent des propriétés « exceptionnelles », d'où elles tirent leur *valeur,* qui est absolument inquantifiable. Ainsi en va-t-il de toute chose qui témoigne de la tradition et de l'origine : de ce qui fait que les hommes possèdent des choses et que les choses sont ce qu'elles sont. Les meilleurs exemples de ce type de choses ne sont pas les *taonga* maori, les *vaygu'a* trobriandais ou les cuivres kwakiutl (les « dons » de l'*Essai*). Ce sont plutôt les choses qui, dans ces mêmes sociétés, et parce qu'elles possèdent suprêmement les propriétés que je viens d'esquisser, ne circulent jamais : je veux parler de tout objet qui entre dans la catégorie largement inexplorée des *idoles* (effigies, fétiches, « objets de culte », etc.).

On aurait donc deux classes d'objets, à la fois proches et éloignés entre eux; objets « immémoriaux » dans lesquels se sédimente le temps, qui ont une généalogie (constituée éventuellement de la chaîne de tous leurs possesseurs, ainsi que de tous les effets, fastes et néfastes, qu'ils ont engendrés); mais alors que les uns, si l'on peut dire, vieillissent sur place (les idoles), les autres circulent et deviennent, comme je l'ai déjà dit, des *trappes.* Des idoles et des trappes.

La sorcellerie recourt aussi bien à des idoles (présences immobiles) qu'à des trappes (« dons » qui circulent). Mais l'opposition entre l'immobilité des uns et la mobilité des autres ne suffit pas à épuiser la différence de nature entre ces objets. Les « trappes-du-prêteur » font certes semblant d'être ce qu'elles ne sont pas – des dons, justement –, mais autrement que ne le fait une idole, lorsqu'elle simule la présence de ce qui n'est pas *là.* Les « trappes », à la rigueur, sont des simulacres de leur propre substance, en ce qu'elles ne représentent qu'elles-mêmes (et leur passé), mais ne font pas semblant, comme les idoles, de présentifier quelque chose qui serait hors d'elles. Même si l'attirail du sorcier peut être autre chose qu'une effigie (je pense aux célèbres « paquets » *(bundles)* dont la sorcellerie fait si couramment usage), il s'agit toujours de « contenants d'identité » qui tirent de leur nature de « contenants » toute leur efficacité. Mais ils n'ont pas à circuler, si ce n'est dans des circonstances exceptionnelles et, le plus souvent, par voie d'héritage; et leur facture est profondément différente de celle des « dons » qui, dans la plupart des cas – surtout dans les exemples de l'*Essai* –, appartiennent à la classe mal définie des « parures » (nattes, pagnes, pendentifs, décorations corporelles, etc.). Ce qui est communs aux « paquets », aux « parures » et, il faut ajouter aussi, aux monnaies, c'est que ce sont des choses qui *engagent :* nouent, obligent, *sous la menace.*

Si l'hypothèse que j'avance est correcte, ces différences, concernant la facture et la mobilité, devraient pouvoir se déduire – mais cela serait l'objet d'une autre étude – de la différence ontique de ce que ces deux types d'objets simulent. L'essentiel est ici de montrer que les uns et les autres ont le pouvoir intrinsèque de nouer, sous la menace, des relations entre les hommes. Mauss décrit bien, d'ailleurs, les objets du « don » comme liés aux personnes et liant les personnes. Or cela seul aurait dû lui suffire à exclure l'hypothèse que ce soient des presque-(pas-tout-à-fait-encore-)monnaies. Si la valeur de ces objets est inquantifiable, s'ils ne signifient qu'eux-mêmes et leur propre passé d'objets possédés, leur circulation répond à la poursuite d'une identité, et elle ne peut se concevoir que dans des relations sociales fortement personnalisées, de « clientèles ». De là à la situation d'une économie monétaire où toute chose est mesurable à toute autre, où ce qui est poursuivi est la pure accumulation de choses entièrement anonymes, il n'y a pas évolution, mais rupture. Sans doute la monnaie ne peut-elle se comprendre qu'à partir d'elle-même, et, si cela est vrai, les objets dont parle Mauss se comprennent mieux sans elle.

III

« TUPU »

1

« *Tupu*, manifestation du *mana.* »

Ainsi, note Koskinen, aux îles de La Société (Tahiti), le *ari'i* (« chef ») se nomme-t-il *iho tupu*, « premier-né qui a achevé sa croissance ». Aîné entièrement accompli.

Mais on dit aussi bien que le *mana* se manifeste dans le *hau*, que l'on définit comme « essence vitale ou principe vital [...] propriété sacrée de l'âme ». Cependant, « cette force vitale peut aussi *(sic)* s'appeler *mauri*. Le *mauri* représente la santé, le bien-être des individus ou de la famille. [...] A Tikopia, il était dit que *mauri* et *ora* – ou " vie " – étaient la même chose et renvoyaient à la même entité de l'âme ». Le *hau* qui « en tant que tel n'est pas visible » peut néanmoins prendre forme, se manifester. Enfin, « dans la langue maori, le mot *hau* semble être un équivalent de *mana* » [1].

Comme pour ajouter encore à cet enchevêtrement de notions qui semblent tour à tour se croiser, se contredire et coïncider, le même auteur ajoute, dans un passage où il commente un autre spécialiste célèbre des cultures et des langues océaniennes, J.P. Johansen, à propos de la notion de *mana* : « *Mana*, en général, est cause du *tupu*. [...] Alors que *mana*, en lui-même, est le phénomène réel (?), sa matérialisation ou manifestation devient perceptible dans le *tupu*. Il

1. A. Koskinen, *F.F. Communications*, LXXIV, 181, Academia Scientiarum Fennica, Helsinki, 1960, p. 104-108.

semble évident que le sens fondamental de *tupu* réfère à la croissance [1]. »

Pourtant, Johansen semble bien établir entre *mana* et *tupu* la relation exactement inverse, puisqu'il voit dans le *mana* « une sorte d'extension du *tupu,* lorsque celui-ci tend à se réaliser [2]. »

Il faut garder en mémoire ce lacis de catégories dont le noyau, où se mêlent de manière inextricable réel (visible) et postulé (invisible), est constitué par la catégorie de « croissance ». Pour résumer : *hau,* « achèvement » du *mana,* se présente aussi parfois comme un simple équivalent du *mana; hau* est encore, de même que le *mauri,* l'« essence vitale » qui appartient à l'« âme » *(wairua).* Mais si le *mauri* entre, comme on le verra, dans une dialectique très étroite avec le *hau,* alors le *hau* est l'achèvement du *mauri* comme il est déjà celui du *mana.* Il est d'ailleurs dit que, parfois, le *hau* prend forme, devient visible, ce qui pourrait laisser supposer que le *mana* et le *mauri* ne le peuvent guère. De toute manière, « achèvement » ou « expression de l'achèvement » renvoient à *tupu,* la « croissance » (*« growth », « fertility »,* dans la littérature).

Croissance, donc, ou « avancée et surgissement », pour reprendre les termes que Heidegger applique à la Nature. Dans son commentaire d'Aristote [3], Heidegger rappelle que l'essence de la *physis* est la mobilité : *kinésis.* C'est la détermination analytique du mouvement, « autrement dit, du phénomène », qu'il s'agit de connaître lorsque l'on veut définir la *physis.* C'est l'être-mû qui est le mode fondamental, « mais non l'être [...] conçu comme mouvement (et respectivement comme repos); dans la mesure où l'être-mû n'est pas " rien ",

1. J.P. Johansen, *The Maori and his Religion,* Copenhague, 1954, in A. Koskinen, *F.F. Communications, op. cit.*
2. *Ibid.*
3. « Ce qu'est et comment se détermine la " *physis* " », in *Question II,* Paris, Gallimard, 1968, p. 167-276.

et où seulement l'être traverse et régit, dans son déploiement, le rien et l'étant, et ses modes [1] ». Les mouvements de l'être-mû se nomment, dans la typologie d'Aristote, accroissement, diminution, devenir-autre, déplacement. Mais Heidegger précise que « le genre de mobilité qui n'est pas nommée est justement le genre décisif pour la détermination de ce qu'est la *physis* ». Plus loin, et cet avertissement a inspiré l'auteur de ces lignes, il ajoute : « Nous autres [modernes, devons] nous libérer de l'idée que le mouvement est au premier chef changement de lieu [et] apprendre à voir autrement. Pour les Grecs le mouvement (comme genre d'être) a le caractère de l'entrée dans la présence [2]. » Pour tout ce qui croît, l'anté-, c'est la *physis*, comme pour tout ce qui est fabriqué, l'anté-, c'est la *tekné*. Une œuvre de la technique a pour *télos* le fabriqué : la chose qui s'arrête en tant que chose finie, elle-même d'avance définie par l'*eidos* (le « visage »). « Ce visage prêt, d'avance en vue, c'est la fin, *télos;* c'est en *télos* que la *tekné* s'y connaît [3]. » La croissance au contraire « a l'ampleur du déploiement sans fond de l'être qui se refuse à toute *tekné*, parce que celle-ci renonce à savoir et à fonder la *vérité* comme telle [4] ». Or nous, modernes, « n'avons en fait aucun mot pour penser en une parole le mode du déploiement de la *physis* [...]. Nous tentons de dire *Aufgang*, “la levée de ce qui se dresse en ouvrant ”, mais nous restons impuissants à donner sans intermédiaires à ce mot la plénitude et la détermination dont il aurait besoin [5] ».

C'est seulement à partir de ce constat d'impuissance à traduire que nous pouvons aborder la question de ce « noyau » qu'une autre culture éteinte a nommé *tupu*.

1. *Ibid.*, p. 186. – 2. *Ibid.*, p. 193-194. – 3. *Ibid.*, p. 197. – 4. *Ibid.*, p. 207. – 5. *Ibid.*, p. 208.

2

Reprenons les catégories maori : *tupu, mauri, hau, mana.* De *hau,* on pourrait dire pour commencer que c'est l'expression (la manifestation, l'apparaître) diversifiée, c'est-à-dire changeante, du *tupu,* de la « croissance » des étants (des choses connues et visibles). Ainsi y a-t-il autant de *hau* qu'il y a de choses. Non pas parce que le *hau* « est » la chose, mais parce que la chose, comme telle, possède une unité : son unicité par rapport aux autres choses, et une mêmeté, qui se manifeste en ce qu'elle a de spécifique et d'immuable dans le devenir : tout cela lui vient d'avoir un *hau,* son *hau.* L'ensemble des *hau* ce n'est donc pas exactement l'ensemble des choses, c'est l'ensemble des choses tel qu'il résulte de l'achèvement du *tupu.*

Chaque étant (on verra plus loin que le maori recourt à la notion de *taonga* pour dire l'étant, la chose) a donc son *hau* mais aussi son *tupu* au sens où chacun est ou sera un achèvement du *tupu,* de la croissance. Ce n'est donc pas le *tupu* en général, mais le *tupu* distinct, spécifique de chaque chose qui est le *hau*-de-la-chose. Plutôt que par la formule « symbole de quelque chose », proposée par Johansen, on traduirait alors *hau* de manière plus précise par « *expression* de la chose ».

Si le *hau* montre, dévoile le *tupu,* et si celui-ci est la « croissance », avant même de savoir si on peut préciser autrement la définition du *hau* (en déterminant quelle est la nature propre de ce principe qui n'est pas le croître), on peut se demander ce qu'est ce prétendu équivalent du *tupu* qu'est le *mauri.*

Mauri est un terme dont la diffusion en Océanie est bien établie, et qui désignerait le moment germinal d'une croissance, sa première expression. Mais le *hau* aussi exprime, d'où on conclut que *hau* et *mauri* sont deux expressions de la même chose : la « croissance ». D'ailleurs, le premier exprime le *tupu* à travers la chose elle-même, le second à travers une image qui constitue la présentification de l'énergie du *tupu*. *Mauri* désigne en effet le plus souvent un objet fabriqué, image ou simulacre du *tupu*. Toutefois, dans ce cas, on parle aussi de « l'image du *hau* », comme le fait Ranapiri à propos du réceptacle déposé dans la forêt. Ailleurs encore, *mauri* est « principe de vie, source des émotions, talisman, symbole matériel de l'invisible [1] ». Parfois, enfin, *mauri* ne désigne que le « principe », le « symbole » correspondant se nommant *ariaa*, traduit par « semblant, présence » ou « notion, idée, sentiment, présence imaginaire », ou encore « emblème d'un *atua* (" divinité ") [2] ».

Le problème est que l'on retrouve avec la notion de *tupu* des glissements équivalents. *Tupu* serait, selon certains auteurs, « croissance », « fondement *sui generis* » et par là « vie », à l'instar de *mauri* : où l'on voit bien que le problème central reste celui de la manière dont l'entendement dialectise le visible et l'invisible.

1. H.W. Williams, *A Dictionary of the New Zealand Maori Language* (1844), 7e éd., Wellington, 1971, p. 197. Cf. aussi l'excellent résumé de Firth dans *Economics of the New Zealand Maori*, Wellington, 1929, chap. VII, « Magic in Economics », appendix, p. 279-281.

2. Je donne ici les titres des principaux ouvrages que j'ai consultés sur lesquels je reviendrai plus en détail par la suite : E. Best, *Waikaremoana*, Wellington, Dept. Land and Survey, 1897; « Omens and Supertitious Beliefs of the Maori », in *Journal of Polynesian Society*, 189, VII, p. 119-136, 233-243; « Spiritual and Mental Concepts of the Maori », in *Journal of Polynesian Society*, 1900-1, IX, p. 173-199; X, p. 1-20; *Maori Religion and Mythology*, Wellington, 1924; *The Maori*, Wellington, 1924, 2 vol.; R. Firth, *Economics of the New Zealand Maori*, *op. cit.* (2e éd. revue 1959); Te Rangi Hiroa, *The Coming of the Maori*, Wellington, Cawthron Lecture III, 1925; J. White, *Ancient History of the Maori*, Wellington, 1887-1890, 6 vol.; Percy Smith, *Lore of the Whara Wananga*, Memoirs of the Polynesian Society, 1913, 2 vol.

3

Le *hau* du présent obligatoirement offert et reçu, celui de la chose-qui-circule sans pouvoir être arrêtée ni thésaurisée, c'est le *hau* de manuel, à la manière de Mauss. Il représente un « principe », en termes maussiens celui de l'« obligation ». C'est *dans* la chose que gît la cause du mouvement et des obligations, le principe qui oriente impérativement les échanges, et même qui les *crée.* On l'appellera « force », au sens où la force est le principe de la translation [1].

D'un point de vue strictement logique, comme l'a observé Sahlins, le *hau* entendu ainsi permet seulement de comprendre pourquoi les choses, une fois données, sont rendues. Mais il laisse inexpliquées les autres obligations inhérentes à la prétendue loi de la réciprocité : celle de donner, et celle de recevoir [2]. Mauss prétend, dans l'*Essai,* pallier cette insuffisance par le recours à une pensée qui « mélange les liens spirituels entre les choses ». Si l'intérieur et l'extérieur, le sujet et l'objet se trouvent confondus, il n'y a pas à s'étonner qu'une chose qui m'appartient soit prise par quelqu'un d'autre que moi pour une chose qui « est » moi. L'explication indigène chargée de venir au secours de la théorie est donnée par Ranapiri, qui commence par parler du *hau* de la forêt, *hau* « qui n'est pas le vent qui souffle » (lequel se dit aussi *hau*) [3].

On passe ensuite à l'exemple de l'échange pris, comme le veut Mauss bien plutôt que Ranapiri, comme le paradigme de toute transaction : « Toi *(1)*, tu me donnes à moi *(2)*; nous

1. Cf. *supra,* chap. II.
2. M. Sahlins, *Stone Age Economics, op. cit.* (p. 201 de l'éd. fr., *op. cit.*).
3. Cf. l'*Essai sur le don* de Mauss, *op. cit.*, et mon commentaire, *supra,* chap. II.

n'avons aucun accord quant au paiement [1]; cela (ce que tu me donnes) je le donne à quelqu'un d'autre*(3)*[2]; l'objet reste longtemps entre les mains de ce dernier. » Mon débiteur *(3)* me donne quelque chose en retour « qui est le *hau* des biens que je lui avais donnés, et que je ne peux pas garder : il t'est destiné parce que ce bien est le *hau* de celui que tu m'avais donné. Le garder serait pour moi perdre ma force *(ka mate ahau,* " devenir faible, stérile ") ». Plus précisément : « la mort m'attend car les horreurs épouvantables de *makutu* (la sorcellerie) se déchaîneront sur ma tête [3] ».

Le recours au tiers dans l'argument de Ranapiri s'expliquerait, selon Mauss, par l'idée qu'il existe une sorte de *magie de la marchandise,* fondée sur un principe de consubstantialité en vertu duquel le Don incarnerait la personne du donateur. « [...] présenter quelque chose à quelqu'un c'est présenter quelque chose de soi [4] ». À la rigueur, cette thèse ne pourrait justifier que le lien entre *deux* partenaires : ceux du couple donneur-preneur. Encore présuppose-t-elle deux arguments douteux. Le premier, auquel Mauss adhère hâtivement, veut qu'un certain entendement se laisse piéger par

1. Le terme de « paiement » se retrouve dans toutes les versions, classiques et modernes, chez Best et Firth comme chez Mauss *(op. cit.).* Mais le texte vernaculaire dit seulement *taonga* : il n'est jamais question de « paiement » mais de « chose ». On a là un cas flagrant de glissement sémantique effectué pour « rendre compréhensible » un concept traditionnel et qui, en fait, oriente l'intelligence du texte vers un sens autre, très marqué en l'occurrence par la conception des choses comme marchandises (d'où « prix », « paiement », etc.). Pour ce passage, je proposerais la traduction suivante : « toi et moi, nous n'avons pas établi quelle chose tu dois me donner en retour. »

2. *(1), (2), (3)* constituent la triade de la transaction à partir de laquelle les commentateurs de Ranapiri interprètent la théorie maori de l'échange. Il revient surtout à Sahlins d'avoir insisté sur l'importance structurale de la triade dans l'analyse.

3. E. Best, « Spiritual and Mental Concepts of the Maori », *op. cit.,* p. 197-198.

4. M. Mauss, *Essai sur le don, op. cit.,* p. 161.

l'illusion d'une continuité souterraine, qui est bien plus qu'un lien, entre sujet et objet, continuité telle que l'un peut se prendre pour l'autre. L'autre, dont les implications sont redoutables, phénoméniquement et théoriquement, consiste dans l'extension inconsidérée de la notion de « marchandise ».

Quant au *hau* de la forêt, son « produit », il équivaudrait à la chose qui, dans le cas de l'échange, est le *hau* d'une autre chose antérieurement donnée. Dans les deux cas, il faut qu'une chose donnée revienne à son premier possesseur (donneur, forêt)[1]. On notera seulement que, dans le cas du donneur, ce retour obligé est, en fait, le retour d'une *autre* chose que celle initialement offerte, selon la règle qui régit le mystère substantival de la valeur : « *x* vaut *y* ». C'est parce que cette équivalence est posée qu'il peut y avoir retour, et donc échange; mais cette circularité est commandée par l'acte initial sans lequel le cercle ne pourrait même pas s'amorcer. Paradoxe qui, comme l'observe Sahlins, ne semble pas gêner Mauss. Et pour cause : Mauss *croit* à la consubstantialité des agents et des choses qu'ils manient.

C'est d'ailleurs à propos de difficultés du même genre que Firth avait déjà critiqué Mauss. Rien dans le commentaire de Ranapiri, notait-il, ne permet de conclure que c'est le *hau* qui, de lui-même, « tend à retourner à sa source ». En effet, si le receveur refuse d'obtempérer à la « loi de la réciprocité » par la remise du *hau* de la chose reçue (et qui est une autre chose équivalente à la première), on aura recours à la sorcellerie, c'est-à-dire à l'huissier. Rien non plus n'autorise à voir dans le « *hau*-de-la-chose » le *hau* du donneur, tout simplement parce que la chose qui revient n'est pas celle qui a été donnée, et n'a donc plus de rapport avec le donneur [2]. Rappelons encore ce

1. Significatif qu'aussi bien chez Mauss que parmi ses commentateurs la question du *hau* bute dans l'exemple de la « chose-hau ».

2. R. Firth, *Primitive Polynesian Economy*, 1929, p. 245-281. Si Firth ne reconnaît aucun fondement à la thèse de la réciprocité-par-le-*hau*, il

que Mauss lui-même signale dans une note, à savoir que l'objet qui sert d'instrument à la sorcellerie est un *hau*, comme le confirme Williams dans son dictionnaire : « Les restes appartenant à la future victime sont des *hau* [1]. » Dans ce cas, le *hau* appartient à l'individu dont il est un reste, un déchet; or c'est justement par ce reste que le sorcier peut agir *contre* l'individu qui en est le possesseur. Il y a là une difficulté insoluble, du moins si l'on s'en tient à la thèse de la réciprocité.

Mais les Maori nomment aussi autrement la chose qui revient : le terme qui équivaut à « compensation », « contre-prestation », « contre-don » est *utu*. Pourquoi donc appelle-t-on *hau* un contre-don qui pourrait se dire aussi *utu* [2]? Johansen précise que c'est seulement lorsqu'un *utu* est immobilisé, ne circule pas, qu'il *devient hau* : « on peut alors en faire usage pour ensorceler [3] ». Ainsi, ce qui devait être donné à nouveau et ne l'est pas subit la métamorphose négative d'un *utu* en *hau*.

4

La thèse de Sahlins sur le *hau* débute par une remarque prévisible étant donné les options de l'auteur : les Maori

admet cependant que le don participe effectivement de la personne du donneur comme « extension du moi », psychologique et social. Le désaccord entre Firth et Mauss n'est donc pas complet puisque Firth admet ce qui constitue le point de départ même de la thèse de Mauss.

1. M. Mauss, *Essai sur le don, op. cit.*, p. 157-161; H.W. Williams, *A Dictionary of the New Zealand Maori Language, op. cit.*, p. 38-39; cf. aussi J.P. Johansen, *The Maori and his Religion, op. cit.*, p. 117-119.

2. Dans son ouvrage *Economics of the New Zealand Maori, op. cit.*, Firth consacre à cette notion plusieurs pages intitulées significativement « *Utu* : the principle of reciprocity » (p. 412-417).

3. J.P. Johansen, *op. cit.*, cité par M. Sahlins, *op. cit.*, p. 208.

projettent sur le religieux des principes économiques. La relation de l'*explicans* à l'*explicandum* était inversée chez Mauss, pour qui les raisons morales et métaphysiques étaient à l'origine économiques. *Hau* serait donc maintenant « profit », « bénéfice », « produit ». Tout est dans ce « miracle productif [1] ». Sahlins insiste également sur une singulière omission dans le commentaire de Ranapiri par Mauss : il s'agit de la glose sacrificielle de laquelle dépend, selon Ranapiri, le sens même de la transaction séculière. Cette glose est constituée par la cérémonie de *whangai hau,* où des oiseaux pris à la chasse sont rituellement rendus au *hau* de la forêt, source de l'abondance du gibier. Ce rite comporte le sacrifice d'une partie du produit de la chasse déposée dans un réceptacle spécialement destiné à l'accueillir : c'est le *mauri,* « simulacre du gibier », mais aussi « appât »; un *objet* qui est tout à la fois lieu de séjour, point d'ancrage, et instrument de pouvoir : le sorcier lui-même possède un ou plusieurs *mauri* [2].

Les *mauri* sont les objets qui « incarnent » le *hau* de la forêt, et dont Sahlins dit qu'« ils [en] détiennent le pouvoir *(overflow)* de crue [3] » : ils sont destinés à la faire croître, à la rendre giboyeuse. Mais Ranapiri ajoute : « Les vrais oiseaux [le gibier] sont l'*équivalent* de cette chose considérable, le *mauri,* auquel on fait des offrandes [...] parce que le *mauri* est à eux. » Cette consommation (car le gibier n'est pas détruit mais immolé) restitue à la forêt son *hau* (que Sahlins comme ses prédécesseurs persiste à traduire par « fertilité »), restitu-

1. M. Sahlins, *ibid.,* p. 209.
2. Voir le texte de Ranapiri dans la traduction de Biggs donnée par Sahlins, *op. cit.,* p. 215, après celles de Best (1909) et de Mauss (1924). Pour la « transaction » entre le sorcier et l'élève, cf. E. Best, *Tuhoe : the Children of Mist,* Memoirs of the Polynesian Society, 9, 1925, notamment p. 1101-1104.
3. M. Sahlins, *op. cit.,* p. 210.

tion qui d'ailleurs prend deux formes [1] : le premier oiseau tué est jeté, et on le laisse pourrir – voilà pour le *mauri;* puis, à l'issue de la chasse, certains oiseaux sont fumés et conservés dans de la graisse pour servir de nourriture supplémentaire au *hau* de la forêt. Dans tous les cas ce sont des restes qui, ainsi que pour les cultures vivrières, assurent la poursuite du cycle reproductif. On a donc deux usages de la venaison : un usage alimentaire, un usage sacrificiel; le gibier vivant est l'équivalent du *hau,* une partie du produit de la chasse sert à nourrir le *mauri* des prêtres.

Sahlins propose de substituer, à la définition maussienne du *hau* comme « esprit », celle de « profit », et propose l'analogie suivante : les prêtres placent (I) le *mauri* (qui est le reliquaire du *hau*); celui-ci « produit » les oiseaux que capturent (II) les chasseurs, lesquels offrent (III) des oiseaux aux prêtres.

Parallèlement, dans l'échange, A donne à B quelque chose que B transforme en une autre chose dans un échange avec C; le bien, la chose *(taonga),* redonné ensuite par C à B puis par B à A est le produit *(hau)* du don initial de A. Sahlins ajoute que « ce bénéfice *lui revient de droit* [2] ». Il y a à l'évidence dans cet argument une série de glissements : on ne voit pas du tout en quoi la « productivité » de la forêt peut constituer pour les chasseurs un « bénéfice », s'il est vrai qu'ils ont nécessairement commencé par déposséder la forêt pour lui rendre ensuite, par l'intermédiaire d'un tiers, une partie seulement de ce qu'ils lui ont pris, et recommencer. Autrement dit, A dépossède B de *n,* lui rend *n-x,* conserve *x,* recommence, et ce qu'il prend à B la seconde fois est, selon Sahlins, un bénéfice. Mais bénéfice *de quoi*? Parle-t-on du bénéfice du produit en partie restitué d'un vol? Et même en admettant que la forêt initialement donne aux chasseurs le gibier, et qu'il ne s'agisse pas d'un prélèvement forcé, appelle-t-on bénéfice un don nouveau reçu à la suite de la restitution partielle d'un don

1. Voir E. Best, *op. cit.,* cité par M. Sahlins, *op. cit.,* p. 201.
2. *Op. cit.,* p. 211.

antérieur? Il ne peut s'agir que d'*exploitation,* à moins d'entendre par « bénéfice » une pure faveur, ce qui n'est certainement pas l'acception que Sahlins donne à ce terme.

Autre question : en quoi l'intervention du prêtre et du réceptacle (le *mauri*) contribue-t-elle au processus, dont on sait bien, par ailleurs, qu'il est spontané, de la reproduction? En l'occurrence, en quoi une destruction (on jette du gibier, on en donne à consommer aux prêtres) peut-elle être « fertilisante »? L'argument maori a une structure ternaire et, selon Sahlins, c'est au troisième élément de la relation qu'il revient de mettre en évidence ce « bénéfice net : “ le don a produit ” ». Mais dans le cas de la forêt le tiers est à la fois un humain (le *tahunga*) et un objet (le *mauri*); autrement dit, l'intervention médiane et médiatrice est ici, à la différence de ce qui se passe dans l'échange, celle d'un (ou de deux) élément(s) hétérogène(s) entre deux « partenaires » eux-mêmes déjà différents par nature : les chasseurs et la forêt.

Ne serait-ce pas plutôt parce que la destruction d'une partie de la venaison *n*'est *pas* réellement un acte de juste réciprocité à l'égard de la forêt que ce « remboursement » doit passer par la commensalité rituelle des prêtres? Le prélèvement que constitue la chasse (aussi bien que le « manger la forêt » des agriculteurs) est, bien plutôt qu'un don reçu, une instrusion qui demande le recours diplomatique et rituel à une *fiction* de réciprocité.

5

Qu'il s'agisse de chasse ou d'échange, l'inscription du *hau* dans la perspective d'une sémiologie économique résiste difficilement à l'analyse. Car dans le schéma « A donne *x* à B qui donne *x* à C », et « C donne *y* à B qui donne *y* à A », de deux choses l'une : ou bien *y* est le *hau* de *x* et de *x* seul, en tant que *x* vient de A et de A seul, ce qui exclut la possibilité réelle que A soit déjà le B ou le C de quelqu'un d'autre – et cela ne correspond en rien à la réalité des circuits de l'échange; ou bien cette possibilité n'est pas exclue, mais alors la réciprocité prend une telle extension que toute idée de « bénéfice » y devient passablement aléatoire. Que l'on renonce à parler de *y* comme du « profit » que A réalise à travers *x,* et que l'on attribue à A le souci de déterminer la « valeur » de *x* dans une transaction réelle qui fournit en quelque sorte la base de l'équivalence abstraite – on retrouve alors l'objection qui invalide toutes les analyses de ce genre, y compris dans le cas du troc : la valeur (l'abstraction) est nécessairement déjà présupposée, sinon il n'y aurait pas même possibilité d'un premier échange.

On peut finalement se demander si tous les malentendus concernant le *hau* ne viennent pas de l'usage « sauvage » de notions indifféremment nommées « prix », « paiement », « don », « profit », alors même que l'économie avoue son impuissance à définir ceux de *valeur,* de *prix,* de *monnaie.*

6

C'est autour de la sorcellerie, je crois, qu'il faut tenter de nouer le dialogue avec Ranapiri.

Si, dans l'œuvre de décryptage qu'est l'anthropologic depuis ses vrais commencements, la bonne stratégie herméneutique consiste à choisir le lieu où les difficultés réelles se profilent, pour le problème qui nous occupe, ce lieu est sans doute la sorcellerie; manière singulière, intense, redoutable de penser, de pratiquer et de manipuler les rapports des hommes avec les choses et des hommes entre eux.

Avec le réceptacle, le *mauri,* disent les textes, le prêtre (« sorcier »), le *tahunga,* érige au-dehors, en un objet, *son mauri* (entendu ici au sens générique de « souffle vital »); il y a là un impératif, et un impératif presque organique : il ne faut pas, dit Ranapiri, que le *mauri* du *tahunga* reste dans son corps, il faut qu'il éclate au-dehors [1]. Cela apparaît clairement dans le rapport initiatique entre le sorcier et son disciple, où Sahlins propose également de déceler un schéma ternaire dans lequel un troisième élément, la victime, serait l'« intermédiaire » entre le maître et le disciple. Or les textes disent que cette victime peut être le *tahunga* lui-même [2], puisque le maître peut enjoindre à son élève de le tuer. Dans ce cas, il faut admettre que la trinité s'effondre. Mais, même là où la victime n'est pas le maître mais un parent proche de l'élève (ce qui est la règle générale, d'ailleurs assez répandue dans toutes les affaires de sorcellerie), le schéma de « structure ternaire de l'échange » ne tient pas, pour la simple raison que la victime, quelle qu'elle soit, est certes un troisième élément, mais comme pourrait l'être, à la rigueur, tout *taonga :* une (pauvre) *chose,* sûrement pas un « partenaire » ou un « médiateur ».

Rien ne prouve d'ailleurs que sa mort puisse valoir comme présent offert au *tahunga.* Tout ce que l'on peut dire, c'est que l'élève met à l'épreuve son *mauri* auprès de son maître dans une tentative de mise à mort qui peut réussir, ou échouer. J'ajoute que dans les affaires de sorcellerie il n'est, à ma connaissance, jamais question de considérer comme *hau* ni le savoir du maître (le *whananga* du *tahunga* [3]), ni le

1. Voir la glose de Ranapiri, *in* E. Best, *Maori Forest Lore,* III, Trans. of the New Zealand Institute, 1909, p. 440-441, ainsi que le commentaire de M. Sahlins, *op. cit.,* p. 162-165.

2. E. Best, *The Maori, op. cit.*

3. Le *tahunga,* que l'on traduit généralement par « sorcier », n'en est pas nécessairement un. Best en parle comme d'un « adepte » ou d'un « expert »,

« remboursement » : mort du maître, mort de l'élève, ou mise à mort d'une victime tierce, parente ou non. Une analogie lointaine et purement formelle ne suffit pas pour associer ce qui en fait ne l'est jamais : le « don » et la mort par sorcellerie. Dans la relation entre le maître et le disciple, la victime tout au plus est une chose, qui vaut comme offrande. Elle prouve seulement, comme le dit le texte, que le *mauri* du disciple est fort, du moins s'il arrive à tuer, c'est-à-dire à ne pas être tué lui-même.

Si le *mauri* est ce « mouvement qui se meut en nous, vivants » (*Ka rere te mauri : « The* mauri *is set in motion »,* propose Johansen [1]) aussi bien que le représentant tangible du *hau,* qu'il incarne et peut contribuer à accroître, comme dans le cas de la forêt, c'est bien qu'il n'est pas le *hau* lui-même. Comme tel, semble-t-il, le *hau* ne peut pas être présence tangible. Mais cette précision qui me paraît essentielle, à ce stade du moins de l'analyse, semble rapprocher le *hau* de ce qui porte le nom de *tupu,* « croissance ».

7

Le mythe maori de l'origine de la patate douce offre une première piste pour tenter de préciser ce qu'est le *mauri* [2].

---

au même titre que tout « artisan ». Les *tahunga* dont il est question ici appartenaient à la loge initiatique dite *whare maire,* « école inférieure où se transmettait la connaissance de la magie noire » (Best, *The Maori, op. cit.,* t. I, p. 67), et qui s'opposait à la loge supérieure dire *whare wananga,* littéralement : « maison de la connaissance occulte ». Ces deux formes initiatiques étaient aussi désignées, en tant que distinctes et complémentaires, comme « mâchoire inférieure » *(kauwae runga)* et « mâchoire supérieure » *(kauwae raro).*

1. J. P. Johansen, *op. cit.,* p. 239.
2. Dans ce mythe, il est dit que la première pousse de la patate douce est le *mauri* de la patate (voir Best, *The Maori, op. cit.,* p. 106-107).

Le *mauri* est la forme embryonnaire du *tupu* (entendu ici encore comme « croissance »); plus précisément, il est la forme *représentée* de cet état embryonnaire. Ainsi du *mauri* de la forêt duquel, comme mes prédécesseurs, j'étais parti : c'est à la fois un objet *et* une matière morte, pourrissante (le contenant et la venaison tuée destinée aux *tahunga* et à la forêt), qui montrent dans l'immobilité la dynamique de la croissance, qui en exhibent le stade initial, où l'amorce de la vie est encore prisonnière de la mort, au point d'intersection entre génération et corruption. Ainsi, encore, le *mauri*-pousse du mythe.

Rien d'étonnant, donc, à ce que le *mauri* occupe une place centrale dans toutes les opérations qui tombent dans la catégorie du sacrifice, dans lesquelles on procède à une mise à mort, à une suppression, en vue d'une renaissance, d'une réapparition. Pour parler d'un procès aussi bien attesté qu'il est insaisissable, on recourt à une « preuve » qui en situe l'origine dans une cause visible : la chose-*mauri*. L'hypothèse causale est toujours, comme le notait déjà Wittgenstein, une théorie magique, et elle peut se mettre en scène, sans exclusive mutuelle d'ailleurs, dans le sacrifice et dans l'objet qu'est le *mauri*.

Le *mauri* cependant ne renvoie pas seulement au *tupu* mais aussi, semble-t-il, au *hau*. Faut-il alors supposer que la croissance s'exprime de deux manières? L'une serait causale et métonymique : là où il y a semence, pousse, tige, reste, etc., il y aura fruit. Dans l'autre, la croissance ne serait plus posée comme réitération du même à partir d'une partie du même, mais comme *diversification*. Toutes les formes vivantes qui croissent et qui, prises globalement, apparaissent déterminées par le *tupu* ont en effet leur propre *hau*. *Tupu* devrait alors être conçu comme le mouvement général de la croissance. Quant au *hau*, il serait la forme diversifiée, multiple, que prend le *tupu* quand il devient *tupu* des étants. Il y a *des hau* : un *hau* pour chaque chose, et la chose réelle, le *taonga*, présentifie, au-delà de son *hau,* le mouvement général du *tupu.*

Le *hau,* c'est l'abstrait d'un concret, aussi bien d'un *taonga,* chose quelconque, que d'un *mauri,* forme-présence représentée de l'état embryonnaire d'une chose vivante. On pourrait même peut-être aller jusqu'à dire que toute chose est le *mauri* d'un *hau* – encore que l'ethnographie maori ne permette pas de trancher sur cette question capitale. Quoi qu'il en soit, le *mauri* est là pour montrer que le *hau* est, et peut émerger. Mais le *tupu* ne peut pas émerger, car il est en deçà et au-delà de toute germination.

8

« Les oiseaux sont les *mauri* de la forêt », dit quelque part Ranapiri. D'autre part, des objets appelés *mauri* « représentent » à la fois les oiseaux et le *hau* de la forêt. Mais le *mauri* est aussi, on l'a vu, ce que le *tahunga* a en lui, et qu'il extériorise. S'il est vrai que l'oiseau est lui-même, déjà, un *mauri,* l'objet que l'on appelle *mauri* est une sorte de faux oiseau, sans pour autant être un appeau. Il est aussi, dit-on, ce qui fait croître, comme une graine ou un germe, les deux types de restes végétaux dont on sait que les Maori n'utilisaient que le second [1]. Présence visible du *hau,* semence, le *mauri* est un substitut, qui n'est pas un simulacre de la chose qu'il représente, à la manière d'une effigie, puisqu'il est non seulement objet mais reste. Mangé ou offert, le reste qui se dit *mauri* est en tout cas *restitué* à la forêt en tant que « son » *hau.* Comme si la restitution de ce reste-là préservait ce qui fait exister la forêt elle-même, ainsi que toute autre chose qui vit, à savoir le *tupu.*

1. Cf. E. Best, *The Maori, op. cit.,* t. I, p. 304-307, 390.

Nous pouvons maintenant revenir au *mauri* du *tahunga.* A la différence du *wairua,* que l'on traduit généralement par « esprit » ou « âme », le *mauri* ne peut pas quitter le corps [1]. C'est pourquoi Williams traduit *mauri* par « siège » (des émotions, de la vie, de l'âme). Cette version présente le *mauri* comme une sorte de « noyau » sur quoi la vie s'appuie et en quoi elle se maintient. Best, en désaccord avec Williams, voit dans le *mauri* un « principe vital », mais il ajoute qu'il s'agit d'une notion « proche de la notion grecque de *thymos,* le *thymos,* à la différence de la *psychê,* cessant d'exister à la mort du corps [2] ». Le désaccord entre les deux auteurs est donc plus apparent que réel. Nous ne devons pas oublier en effet qu'il existe des *mauri* « matériels », sortes d'autels, ou « symboles-talismans », comme les appelle Best (ou encore : *« material-mauri »* [3]). Si d'autre part le *mauri* est « ce qui vit », et si l'on ne veut pas briser l'unité de la notion en disant qu'il s'agit *soit* d'un principe *soit* d'un lieu, alors c'est la vie en tant qu'elle se manifeste, le *hau* incarné.

Certaines informations fournies par Best permettent de préciser le mode de cette incarnation : un missionnaire lui propose de voir dans le *mauri,* comme dans le *hau,* l'équivalent de ce que nous appelons la « personnalité » d'un individu. Quant au *mauri ora,* Best le traduit par « principe sacré de la vie » car « s'il devient *noa* (neutre) [l'homme lui-même] est en grave danger [4] ». Sans m'arrêter à la traduction de Best pour *mauri ora,* je retiendrai de la glose maori que si le *mauri* perd le *ora* et devient neutre *(noa),* l'individu se trouve menacé de dépérissement; le *mauri* joue donc pour le *hau* le rôle d'une sorte d'écran protecteur, qui

1. H. W. Williams, *A Dictionary of the New Zealand Maori Language, op. cit.,* p. 197-198.
2. E. Best, *The Maori, op. cit.,* t. I, p. 30.
3. *Ibid.,* p. 305.
4. E. Best, *Spiritual and Mental Concepts of the Maori, op. cit.,* p. 30 *sq.*

révèle et préserve le principe de la vie, mais ne se confond pas avec lui. De plus, si l'état *noa* est ici dangereux, alors qu'en tout autre contexte océanien c'est l'inverse qui est vrai, c'est parce que le *mauri* cesse d'être un écran : cette mutation qui peut l'affecter amorce le déclin de l'individu et à travers lui le déclin du *tupu,* la corruption (*mae :* déclin, maladie, mort).

On retrouve ainsi le sens de l'argument initial de Ranapiri à propos du *mauri* de la forêt : le déclin du *mauri,* s'il n'est pas préservé et nourri, *est* le déclin du *tupu,* « le principe de vie, immatériel, ou le talisman, matériel, perd sa vertu et son pouvoir protecteur s'il vient à être en quelque manière corrompu, d'où la nécessité de préserver le *tapu* (l'interdit) du *mauri ora* [1] ». Imaginez, ajoute Best, ce qu'a pu être la christianisation pour les Maori : ils entraient, et demeuraient définitivement, dans l'état *noa,* puisque les interdits sur lesquels se fondaient les cultes avaient été abolis.

Enfin les *mauri* peuvent encore être des *taonga atua,* objets divins, « enveloppes du dieu », où la divinité *(atua)* s'est arrêtée [2]. Ainsi l'Arche juive serait-elle, pour un Maori, un *mauri.* Il s'agit donc d'une chose en laquelle (provisoirement ?) le divin s'incarne, comparable au *churinga* australien, qui non seulement « contient », mais « est » parce qu'il contient [3].

1. *Ibid.,* p. 41.
2. *Ibid.,* p. 34.
3. La présence incarnée du divin a deux modalités : le *mauri,* qui est souvent, comme dit Best, « une grossière effigie de pierre », et le *tiki,* un autre simulacre qui, comme le *mauri,* est aussi un objet fabriqué. Le *tiki,* toutefois, n'est pas une « image », comme on le dit souvent. « Image » se dit, en maori comme dans la plupart des langues polynésiennes, *ata(a).* Certains *tiki,* comme les *tiki wananga,* sont des bâtons sculptés, sortes de présences divines miniaturisées. De même les *toko* sont des bâtons, souvent entourés d'une cordelette (voir à ce sujet l'important article d'Alain Babadzan sur les *to'o* tahitiens : « Les dépouilles des dieux », *Res,* 1, Harvard, 1981, p. 8-39). Qu'il s'agisse de *tiki* ou de *toko,* il faut reprendre l'expression de Babadzan : ce sont des « capteurs de divinité ».

Aussi bien pour les humains, dont le *mauri* enveloppe la vitalité, que pour les entités non humaines, dont le *mauri* assure le *hau,* nous sommes confrontés à quelque chose qui se présente comme un écran, une présence-en-surface. Reste encore à savoir quels rapports le *mauri,* le *hau* et le *tupu* entretiennent avec ce constituant ontologique proprement humain qu'est l'« âme » : *wairua.*

Que le *hau* ne puisse pas, comme le voulait Mauss, être traduit par « esprit », on en a une preuve supplémentaire dans le fait que dans la langue maori ce qui équivaut, même approximativement, à « esprit », « âme », ne se dit pas *hau* mais *wairua.* L'analyse du *hau,* qui a permis de distinguer cette notion de celles du *tupu* et de *mauri,* doit donc être complétée par un examen de la constellation « âme », « esprit », « ombre », « présence ». Avec une particulière insistance sur ce qu'est la présence.

9

Wairua, disent les textes, est l'« âme [1] ». Mais une âme entendue comme « reflet » ou « ombre », et qui finit souvent par devenir l'équivalent de *mauri* ou de *ngakau* (« esprit », « entendement »). Dans ce domaine, on le voit, la confusion notionnelle est grande, d'autant qu'en maori, comme dans d'autres langues malayo-polynésiennes, « ombre » (« reflet », « image ») se dit : *ata, ataa, aria* [2].

1. Voir les dictionnaires de Traeger, *Maori-Polynesian Comparative Dictionary,* Wellington, 1891, p. 591-592, et de Williams, *op. cit.,* p. 477; ainsi que Best, notamment ses ouvrages de 1922 *(Spiritual and Mental Concepts of the Maori, op. cit.)* et de 1924 *(Maori Religion and Mythology, op. cit.).*

2. A travers l'examen de certaines formes initiatiques mélanésiennes, F. Pellizzi et moi-même posons la question de savoir ce qu'est l'identité dans des cultures où « l'individu devient lui-même après avoir perdu ce qui

Le *wairua,* dit Best, peut être affecté par la magie, lorsque celle-ci détruit l'« ombre » et affaiblit l'« esprit » : la victime devient « spirituellement aveugle »; son *wairua* survit, mais en se métamorphosant. A sa mort, il devient agressif et peut même être utilisé pour détruire une autre victime [1].

Encore que le *wairua* soit censé n'appartenir qu'à l'humain, Best rapporte avec réticence certaines informations selon lesquelles toutes les choses, pour exister, doivent avoir un *wairua,* sinon « elles ne pourraient pas être vues [2] ». La chose paraît cependant moins étrange si l'on se rappelle que dans l'univers maori les vivants, humains et non humains, sont souvent « liés » entre eux [3].

---

le faisait auparavant *déjà* lui-même mais qui apparaissait incomplet, à savoir son identité » (« Shadows », *Res,* 2, 1981). Dans ces cultures, la question de l'identité – qui suppose aussi celle de l'être – n'est pas formulée en termes eidétiques mais par le truchement de cette quête qu'est l'initiation, et par les rites et conceptions de l'après-mort (voir sur ce dernier point R. Guidieri, *La Route des morts, op. cit.,* « Catégories », p. 91-116).

En ce qui concerne la notion d'*ata* – et ceci vaut pour tous les cas océaniens que je connais – elle pose, plutôt que la question de l'âme, celle du double; de la duplication, par projection, de l'être humain considéré comme la somme de plusieurs constituants : *pneuma, nous, psychê.* Toutefois, si en Mélanésie cette multivocité se trouve annulée par et dans l'ancestralité, une telle solution semble poser des problèmes en Polynésie.

1. E. Best, *Spiritual and Mental Concepts of the Maori, op. cit.,* p. 13. Sur le caractère dynamique du *wairua* dans la métamorphose introduite par la mort dans l'être de l'homme, le travail d'A. Babadzan sur les configurations syncrétiques polynésiennes me paraît très instructif (*Changements culturels et Syncrétisme aux îles Australes,* thèse de 3e cycle, université de Paris-X, Paris, ORSTOM, 1981).

2. E. Best, *Spiritual and Mental Concepts of the Maori, op. cit.,* p. 12.

3. Le totémisme appartient aujourd'hui aux problèmes tabous en anthropologie. Classé comme « illusion », il « n'existe plus ». Il suffit pourtant de lire les documents concernant l'Océanie pour se rendre compte que le totémisme est bien *la* question qu'il faut examiner quand on pénètre dans l'univers des représentations qui décrivent les rapports que l'homme entretient avec son monde. Pour revenir aux Maori dont la plupart des spécialistes déclarent depuis un siècle avec véhémence qu'ils ne sont pas totémistes, je rappellerai les remarques formulées par Firth à propos de la Polynésie (« The problem of the totemism in Polynesia », *Oceania,* 1,

Wairua s'articule à plusieurs autres notions qui se prêtent à une traduction en termes psychophysiologiques, et dont certaines *(mauri, ngakau)* ne s'appliquent qu'à l'individu vivant, tandis que les autres ne le concernent que dans la mort *(kehua, atuna, tupuna).*

Comme attribut existentiel de l'humain, *mauri* est ce « principe vital » dans lequel Johansen voit quelque chose qui se rapproche de ce que nous appellerions la « source des émotions » (et les émotions elles-mêmes, positives ou négatives [1]. Il s'agit donc de la source d'un mouvement, effectif ou latent, propre à l'être humain, et qui s'apparente à ce que les Grecs appelaient *pneuma. Ngakau* (*mind* dans les traductions courantes) est souvent présenté comme l'équivalent de *mauri,* mais semble plutôt désigner l'entendement, comme disposition et comme acte. Notion distincte, donc, de celle de *mauri,* même s'il arrive parfois qu'il y ait glissement de l'une à l'autre. Pour les distinguer l'une de l'autre, on pourrait traduire *ngakau* par *spiritus,* dans son acception médiévale [2].

1930-1931, repris dans *Tikopia Ritual and Belief,* Londres, 1967, p. 226-268) : « en Polynésie centrale et occidentale en tout cas, il existe une association particulière entre certaines espèces animales et végétales et les questions religieuses. Cette association est considérée par la plupart des auteurs comme une croyance indigène selon laquelle certains animaux et végétaux sont utilisés par les divinités pour s'incarner dans des formes visibles ». Or à travers cette question de l'incarnation on retrouve les notions d'*ata* (ou *aria,* « présence »), *atua* (« divinité »), et *tupuna* (« ancestralité »). Avec le totémisme, nous sommes en effet confrontés au « conflit entre le double totémique (qui est le double d'un être vivant) et l'ancêtre (qui ne peut plus guère être un double) » (F. Pellizzi, R. Guidieri, art. cité, p. 32).

1. J. P. Johansen, *op. cit.,* p. 237-239.

2. Sur la réinterprétation médiévale des théories stoïciennes et hippocratiques relatives au rapport entre *pneuma,* corps, imagination, et la distinction entre *pneuma* « vital » et *pneuma* « psychique », voir G. Agamben, *Stanze. La Parola e il Fantasma nella cultura occidentale,* Turin, 1977, notamment chap. III, « Spiritus phantasticus », p. 105-120.

Quant au *wairua,* il est un attribut existentiel et ontique à la fois, et son rôle dans la dialectisation des autres attributs de l'humain le place au carrefour des notions psychophysiologiques et des notions thanatologiques. Il est significatif à cet égard que le *wairua* soit une fonction sans siège, à la différence du *mauri* et du *ngakau.* Un commentaire maori rapporté par Johansen permet de préciser en quoi *wairua* constitue, pourrait-on dire, une « notion-écluse » entre vie et mort, et pourquoi le *wairua* n'est plus lié à un siège, ni à la motricité (même si inversement les organes et la motricité sont, de leur côté, liés au *wairua*). Ce commentaire insiste sur le fait que la « réalité » du *wairua* se manifeste à la fois dans la vie éveillée et dans le rêve, mais surtout dans le rêve [1]. Il ne faut pas entendre « rêve », ici, dans l'acception psychologique qui est la nôtre, mais bien dans l'acception ésotérique traditionnelle : le rêve est l' « autre vie », la vie de l'après-mort, qui côtoie et pénètre la vie éveillée. Et de même que *wairua* n'appartient pas de manière univoque au monde psychophysiologique, de même il abolit la frontière entre rêve et non-rêve.

Ces propriétés font du *wairua* une sorte d'englobant des autres attributs de l'humain, et l'équivalent de la notion grecque de *psychê.* Il faut se rappeler ce caractère lorsque l'on traduit, de manière encore très approximative, *wairua* par « âme [2] ». C'est d'ailleurs parce que le *wairua* est un

1. J. P. Johansen, *op. cit.,* p. 257.
2. La lecture *physiologique* de l'âme par Aristote, physiologique « pour autant que [l'âme] n'existe pas sans la matière », est ainsi résumée par E. Rhode : « Étant absolument incorporelle et immatérielle, [l'âme] n'est pas le résultat du mélange des éléments matériels du corps [...] elle est la cause, non la conséquence, des fonctions vitales du corps, et celui-ci est là pour elle, et pour lui servir d' “ instrument ”. [...] Quand l'être vivant meurt, la matière perd la qualité qui en faisait un organisme approprié à son but, qualité qui constituait sa vie, et sans laquelle il n'est pas un être indépendant. » La lecture *métaphysique,* observe le même auteur, « nous conduit plus loin » : « Dans l'âme de l'homme vit encore, outre l'énergie vitale de l'organisme, un être spirituel, de nature et d'origine surnaturelles, l' “ esprit ”, ce qui en nous pense et conçoit » (E. Rhode, *Psychê,* éd. fr.,

attribut englobant qu'il assure le passage entre la vie et la mort, ou plutôt la conversion de l'apparent (la vie) en réel (la mort). De ce côté, *wairua* s'articule aux notions thanatologiques de *kehua, tupuna* et *atua :* trois notions et trois « entités » qui semblent se situer dans une relation à sens unique avec *wairua,* celle-ci étant la condition de celles-là. Cette relation fonde une thanatologie dans laquelle le rapport de l'homme à l'être repose certes sur le savoir que l'homme est un être-pour-la-mort, mais où la mort ne dessine plus l'horizon métaphysique qui est le nôtre, où tout ce qui existe pour l'être s'éclaire comme possibilité de n'être pas, de ne plus être. Ici la mort est pensée comme affirmation de l'être : c'est à travers elle qu'advient l'être au-delà de la mort, être totalisé qui, justement, vit parce qu'il ne vit plus.

10

Dans le tableau syncrétique qu'offre l'actuel christianisme tahitien, la notion de *varua* occupe une place centrale [1]. Selon Babadzan, qui lui consacre un ouvrage, le *varua' ino* serait une notion syncrétique élaborée à travers une qualification négative du constituant ontique traditionnel qu'est le *varua* (c'est-à-dire, le *wairua* maori). La théologie adoptée et adaptée complète donc, en la contredisant, la thanatologie non chrétienne.

1928, p. 510). J'ajouterai que chez Aristote, à la différence de ce que semble penser Rhode, l'âme n'a plus cette fonction englobante, synthétique, qu'elle a explicitement dans une conception archaïque comme celle que j'examine ici.

1. Le travail d'Alain Babadzan sur les catégories polynésiennes relatives au transcendant constitue une importante contribution aux questions ici évoquées *(Changements culturels et syncrétisme aux îles Australes, op. cit.).*

Actuellement à Tahiti, le *varua* « est » *varua' ino,* un « esprit mauvais » issu du mort. Ce n'est en fait rien d'autre que l'ancêtre en milieu chrétien : jadis « déifié », maintenant déchu, mais dangereux car il reste actif et continue d'être en compétition avec la force positive du dieu chrétien. La conversion a contraint les morts à changer de statut, mais ce changement ne va pas sans « ratages »; des morts survivent, à l'instar des ancêtres, mais sans avoir le droit d'en être : ce sont les *varua' ino.* Dans le contexte chrétien qui a déjà deux siècles, les *varua' ino* représentent la seule modalité possible d'ancestralisation qu'un Polynésien converti peut admettre, fût-ce à contrecœur [1]. Il faut cependant ajouter que cette ancestralisation n'est ni voulue, ni réussie, ni encore moins officielle puisqu'il subsiste à côté d'elle une séparation nette, d'allure toute chrétienne, entre morts et vivants. C'est pourquoi s'il y a, comme le montre Babadzan, métamorphose dans l'après-mort du *tupapa'u* (le cadavre) en *varua' ino,* elle ne conduit pas pour autant à une ancestralisation véritable. Dans l'univers de ce christianisme-là, une telle métamorphose mène au « Mal », et celui-ci est bien évidemment associé à l'univers anté-chrétien et, par là même, à celui des Ténèbres *(poo)* [2].

1. A. Babadzan, *ibid.*, p. 228-229.

2. L'analyse de la moitié « négative » du cosmos traditionnel tahitien, le *poo,* est ici fondamentale. Babadzan propose de reconsidérer la stratification officielle (« dieux principaux », « dieux locaux », et « ancêtres ») et de distinguer deux moitiés : celle des *atua* (dieux), et celle des *'oromatua* (ancêtres), les premiers étant les ancêtres des seconds. En effet, selon la tradition, les *atua* « mangent » les défunts : comme quoi l'au-delà de l'ancestralité est posé comme une instance qui annule en l'absorbant l'ancestralité elle-même. Je note que cette conception polynésienne du transcendant applique un principe qui se retrouve en Mélanésie, et selon lequel seul le cannibalisme permet d'annuler une entité anthropomorphe, que celle-ci soit un humain « potentiellement ancestralisable », ou un ancêtre qui peut, idéalement, demeurer tel à l'infini (voir R. Guidieri, *La Route des morts, op. cit.*, « Catégories », p. 117 et *passim*).

Mêmes ambiguïtés, note encore Babadzan, pour la notion de *'oromatua*, qui réfère semble-t-il à la fois à l'ancêtre et à la relique : le crâne. « Ce sont, dit Babadzan, des ancêtres objectivisés parvenus au stade de la représentation : crâne ou effigie [1]. » Il faut souligner qu'il s'agit ici d'ancêtres non maléfiques, de véritables ex-morts, réintégrables dans une représentation : on les « capte » pour qu'ils « pénètrent » dans les images [2]. Apparemment, à Tahiti, le terme trans-polynésien qui désigne l'ancêtre, *tupuna*, est remplacé par *'oromatua*. Pure apparence, puisque les « livres de généalogie » sont le *puta tupuna :* nous nous trouvons donc en présence d'un clivage notionnel entre *'oromatua*, « ancêtres représentés », et *tupuna*, « noms des aïeux », entre des objets et des noms. La première notion, celle de *'oromatua*, inclut une catégorie qui semble désigner la « part immatérielle » de l'individu *('oro, 'ora)*, et dont on peut penser qu'elle se rapproche de celle de *varua (wairua)*. De fait, Babadzan propose de considérer *'ora* et *varua* comme des synonymes. Mais l'importance accordée dans le contexte syncrétique tahitien au *varua*, et au *varua* seul, permet de douter de l'équivalence : *varua ('ino) = 'oro (matua)*. Provisoirement, on pourrait avancer l'hypothèse suivante : *'oromatua* est l'ancestralité présente dans et figurée par une effigie, ou une relique; *varua' ino* est une présence, néfaste et redoutable, mais surtout *diffuse*, c'est-à-dire irreprésentable en quelque objet que ce soit. Restent encore : l'« ancêtre-nom », *tupuna*, et la divinité, ancestrale sans pour autant être ex-humaine : *atua*.

1. A. Babadzan, *op. cit.*, p. 146.
2. Cf. Teuira Henry (J. M. Orsmond), *Tahiti in Ancient Times* (1844), Paris, 1962, cité par A. Babadzan, *ibid.*, p. 147.

11

Le thème de la « croissance » *(tupu)* entre dans une série de relations eidétiques très complexes : avec l'ancestralité *(tupuna)* et la divinité *(atuana)*; avec l'interdit *(tapu)* et l'authentique *(mana)*; enfin et surtout avec l'impur (polynésien : *ete, haumia*).

Je commencerai par la relation entre la croissance, l'interdit et l'impur en rappelant les propositions auxquelles j'avais abouti dans un autre travail consacré à la thanatologie mélanésienne [1]. Aussi bien en Polynésie qu'en Mélanésie (et cette remarque pourrait s'appliquer à d'autres aires, non océaniennes : qu'il suffise de penser à l'Inde) l'impureté est un état marqué négativement, qui résulte d'un procès de contagion, et elle est principalement emblématisée par la figure de la femme, qui en est la source. Car la féminité *est* l'impureté : telle est la proposition ontique qui, particulièrement en Mélanésie, parachève, avec la thanatologie et à travers la représentation des sexes et de la sexualité, la métaphysique propre à ces cultures [2].

L'état qui s'oppose à celui de l'impureté et qui, à la différence de celui-ci, n'est pas le résultat d'un procès mais une condition, est l'état, précaire, du neutre *(noa)*. Cet état est une caractéristique existentielle de la condition humaine, et de toute chose qui entre dans le monde et dans le champ du

1. *La Route des morts, op. cit.*, notamment « Catégories », p. 91-105, « Figures », p. 358-359, 366-367; cf., ici même, chap. V, « Sur le rapport mâle/femelle ».

2. Je considère la conception mélanésienne de l'impureté comme un paradigme de la problématique de l'impureté propre à l'ensemble de l'Océanie. Pour le rapport entre l'Océanie et l'Inde, je renvoie le lecteur à la synthèse que j'ai proposée dans la partie finale de *La Route des morts* (*op. cit.*, p. 354-357), à la suite des travaux d'A. M. Hocart et de L. Dumont.

vouloir humains – condition et monde dégagés de l'emprise de l'impur qui menace toujours de le contaminer, et soumis aux contraintes qui découlent du respect de l'interdit. Le neutre caractérise donc une part non négligeable de l'activité mondaine, « profane », de l'homme, puisqu'il l'autorise à agir en dehors des menaces du féminin, et du règne non féminin de l'interdit : celui de l'ancestralité et du divin, cerné par l'ensemble des pratiques cultuelles. C'est par ailleurs le neutre qui définit, sans pour autant en épuiser la spécificité, la masculinité, du moins celle du mâle qui vit, c'est-à-dire encore seulement une moitié du masculin, l'autre étant sa projection hors de la vie, dans l'ancestralité qui est massivement une masculinité transcendantalisée [1].

Dans une démarche comme celle de Mary Douglas, l'impureté est à l'ordre ce que le sacré est au profane, et la symbolisation de l'impureté procède d'une pensée de l'ordre conçu comme ordre taxinomique. Une anomalie aussi bien qu'une norme taxinomique peuvent, certes, devenir source de symbolicité, mais l'élément ainsi symbolisé est loin d'être

1. A qui objecterait que l'ancestralité mélanésienne n'est pas toujours masculine, je répondrais ceci : la présence d'entités féminines ancestralisées, dans certains cultes et dans certaines généalogies mélanésiennes, ainsi d'ailleurs que le rôle reconnu aux femmes dans les généalogies des *ari'i* polynésiens et le culte qu'on leur voue dans certains cas, au demeurant exceptionnels, doivent bien sûr être pris en compte lorsque l'on aborde la question de la masculinité et de l'ancestralité en Océanie. Mais, justement, dans des représentations unilatéralement masculines de la transcendance, il serait plutôt surprenant qu'il n'y ait pas d' « exceptions », autrement dit que la relation *ouvertement conflictuelle* entre les sexes n'apparaisse pas aussi dans les représentations *simples* de l'ancestralité que sont les généalogies. Représentations simples, parce que l'ancestralité ne se résout pas en généalogies : un nom et un statut ne se confondent jamais avec un principe, et il y a autant de distance entre la généalogie et l'ancestralité qu'entre une généalogie et une terminologie de parenté.

Dans les généalogies, la présence féminine comme instance ancestrale est généralement assumée et manipulée comme *paradoxe.* Ce paradoxe est admis et utilisé pour autant qu'il renforce rétroactivement l'image unilatéralement masculine de l'ancestralité – question de symbolique, et non de statistique.

nécessairement « emblème d'impureté ». De plus, si le désordre est dit « abominable », on ne voit pas comment s'opérerait le passage de l'abominable au sacré, ni pourquoi le sacré ne serait pas forcément et partout abominable. On a hâtivement identifié interdit avec impur et « sacré », pour faire de cette identification une caractéristique générale des cultures traditionnelles. Or, pour ce qui concerne la Mélanésie par exemple, je crois pouvoir affirmer que la thématique de l'interdit s'articule en deux propositions distinctes dans l'une desquelles seulement l'interdit se trouve corrélé à l'impur : *a*) si l'impur, alors l'interdit; *b*) si l'interdit, alors l'interdit. De ces deux propositions, seule la première fait dériver la nécessité de l'interdit de la menace de l'impur. Quant à la seconde, qui est purement tautologique et constitue pour cela même une définition de la transcendance, elle concerne exclusivement ce que j'ai appelé l'autre moitié de l'homme : sa projection hors de la vie.

Si on veut corréler l'impur au désordre, il faut alors appeler désordre tout ce qui concerne la procréation, où les contraires coexistent et se confondent : existence à partir de l'inexistant, dans la conception, vie non précédée de naissance, dans la vie fœtale, production de la vie par la maladie, dans l'accouchement [1]. Mais on voit bien que le terme de « désordre » ne suffit pas à recouvrir tout ce qui est impliqué dans le processus de conception-gestation-procréation, et que, s'il y a un ordre qui s'oppose à ce désordre-là, ce n'est pas un ordre d'inventaire. D'ailleurs, l'état féminin qui accueille ces processus paradoxaux est dit impur aussi indépendamment d'eux, en particulier dans la périodicité menstruelle qui, elle, à l'évidence, relève d'un ordre.

L'ontologie océanienne, et surtout mélanésienne, attribue au sexe masculin, au demeurant dominant, une neutralité

1. Les sociétés primitives distinguent nettement trois phases : celle de la conception, celle de la gestation et celle de la naissance, chacune ayant une logique, une causalité et une symbolique propres.

précaire. Le seul état spontanément doué de pouvoir d'expansion est féminin, c'est celui de l'impureté. Si la condition définie par l'impureté est d'être première, elle l'est en ce sens qu'elle appartient à l'être qui gère, à la lettre, la procréation. Dès lors, elle devient nécessaire à l'articulation du rapport entre le neutre et l'interdit. Cette articulation, il fallait s'y attendre, est rituelle au sens où elle est « artificielle », et le faire qui la constitue est exclusivement masculin. La supériorité masculine, aussi affichée et contraignante qu'elle soit, est donc précaire, puisque le pouvoir authentique de l'impureté ne cesse de la menacer, et fictive, puisqu'elle se greffe en quelque sorte sur le pouvoir de procréation qui revient à la femme.

Reste encore à savoir si ces facteurs *négatifs-et-actifs* si ostensiblement niés par les hommes ne se projettent pas jusque dans la représentation de la masculinité *post mortem,* sur l'ancestralité elle-même. La présence des figures ancestrales féminines dont j'ai parlé doit, je crois, être interprétée dans ce sens.

L'impureté qui est, dans ces cultures, la définition même de la féminité possède donc, par rapport à la neutralité masculine, des propriétés redoutables parce que actives, et actives parce que antérituelles. L'impureté est, en effet, présente et puissante avant et en dehors des liturgies masculines, lesquelles se proposent, justement, de l'endiguer pour parfaire et fixer, dans la mort, la masculinité. C'est cela l'ancestralisation. C'est aussi ce que je veux souligner quand j'affirme que l'impureté est première dans la dialectique impur / non impur qui détermine les règles, aussi bien rituelles que quotidiennes (mais dans ces sociétés le quotidien est soumis à un ensemble d'étiquettes qui ritualisent l'existence), des cultures océaniennes et surtout mélanésiennes. Il est significatif aussi que dans plusieurs sociétés de Mélanésie cet acte manqué qu'est la transgression se dise « produire l'interdit », et que cette expression s'applique d'autre part à la fois à l'accouchement et à la phase liminaire des initiations masculines. La naissance aussi bien que la transgression ramènent l'homme à un état antérieur au neutre, l'état non impur, hypostasié par la figure du mâle en danger, et qui caractérise la masculinité originelle, antérieure à l'interdit, au rituel et à la mort.

Si nous nous contentions de constater que la menace de l'impureté est celle de la féminité, nous serions dans l'enfer quotidien habité par le mâle mélanésien, et fondé sur « l'injuste et grotesque exécration de la femme de la part de l'homme »; nous manquerions ce qu'il y a de dynamique dans ce point de vue et dans ses conséquences, aussi bien formelles que métaphysiques.

Car il n'y a menace que s'il y a force. Le pouvoir de l'impureté se manifeste par une dynamique qui lui est propre, et qui est réelle. L'impureté déborde perpétuellement et spontanément, de telle sorte que le commerce fréquent et inévitable que l'on a avec elle dans la sexualité est, en fait, une pratique transgressive indéfiniment réitérée. La Mélanésie illustre éloquemment ce parti pris des choses. On n'échappe pas au débordement de l'impureté parce que l'on n'échappe pas à ce que j'appellerais le Déterminant : Archê ou Fondement. L'être qui s'affiche comme non impur, le mâle, en dépend : ontiquement, il est un dérivé, un expulsé du Fondement, ce qui est une autre manière de dire que, issu de la matrice impure, au commencement lui-même est impur, *que le commencement lui-même est impur.*

Dans un premier temps, l'interdit est massivement lié à la menace de l'impureté, à laquelle il est censé faire obstacle. Mais cette nécessité prophylactique entre en contradiction avec une autre nécessité. Car l'impureté n'est pas seulement une potentialité chronique de débordement à endiguer; elle est aussi et surtout la condition pour qu'il puisse y avoir procréation. On retrouve donc ici la question de la fertilité, qui renvoie au rapport par où j'avais commencé, entre *hau* et *tupu.*

12

Il est difficile de trouver un équivalent exact de la notion polynésienne de *tupu* en Mélanésie où, pourtant, on constate une remarquable continuité linguistique avec la Polynésie pour des notions aussi cruciales que vie, mort, ancestralité, impureté et interdit. On peut se demander pour commencer s'il existe en Mélanésie un terme qui puisse « correspondre », même en première approximation, à celui de *tupu*. La réponse est affirmative, mais il faudra garder en mémoire que ce terme coexiste avec celui de *tupu* en Polynésie, alors qu'il subsiste seul en Mélanésie. C'est le célèbre *mana*, dont le *hau* est manifestation, accomplissement, comme il l'est aussi pour le *tupu*. *Mana* est généralement rendu, dans la tradition ethnologique, par « force », « pouvoir », avec l'idée sous-entendue, et parfois même explicitée, d'« efficacité »; efficacité, donc, d'une force tendue vers un accomplissement. *Mana* serait le mouvement irrésistible vers l'achèvement attesté par l'exister des choses. A ce stade provisoire de la définition, on retrouve donc le mouvement propre à la *physis* dans les deux notions de *tupu* et de *mana*.

Un examen séparé des deux notions permettra de voir par où elles diffèrent et se complètent. A la définition du *mana* comme pouvoir intrinsèque qu'ont les choses, humaines et non humaines, de se développer et de s'accomplir, j'ajouterai l'idée d'authenticité, en prenant *authentique* au sens étymologique : « qui accomplit, réalise par soi-même ». Il s'agit de ce qui fait de la croissance, pour tout étant, un mouvement fixe où évoluer signifie devenir authentiquement ce qu'il est déjà.

Dans un autre travail [1], j'ai envisagé la question gnoséologique que pose le concept de *mana* à partir de ce que je

1. *La Route des morts, op. cit.*, « Catégories », p. 91-105.

connaissais d'une pensée mélanésienne qui place le problème au cœur même de l'entendement : *mana* est pensée *et* mémoire, authentification qui surgit dans la pensée à partir de l'oubli. C'est sous l'effet de l'oubli que le vrai *(mana)* se manifeste. *Mana* est un apparaître, une « montée » qui procède de et se déroule dans la pensée; le retour de ce qui était toujours là mais oublié, et que l'on reconnaît comme ineffaçable lors de son surgissement; d'où le sens relatif qu'il faut attribuer ici à l'« oubli ». La possession offre un exemple spectaculaire de cette remontée où entendement et crise se trouvent associés. Mais la possession, pour saisissante qu'elle soit, n'a valeur d'exemple qu'autant que ses implications éclairent la catégorie de *mana* dans toute son extension.

Une éclosion mnésique meut l'être en qui elle advient; il est alors lui-même *mana*. Être possédé, c'est être possédé par le souvenir, lequel en l'occurrence n'est pas une trace mnésique quelconque, mais le « vrai » *(mana)* qui se dévoile chaque fois que la pensée authentifie l'existant, fixe la vérité de sa présence. C'est donc l'être-là qui est l'enjeu de la révélation. Dans la possession, le possédé est libéré du précaire qui, dans toutes les circonstances non exceptionnelles, est sa condition et qui le disqualifie pour « voir », ou plutôt ne lui permet d'apercevoir que des présences elles-mêmes précaires, hors du *mana*.

La leçon eidétique mélanésienne est celle qui donne le *mana comme* dévoilement, institution d'un nouveau rapport entre la chose, toute chose, authentifiée par son nom, et le phénomène. On peut légitimement évoquer ici le sens que Heidegger donne à l'*aléthéia :* ce par quoi le sensible, qui se présente d'une part comme apparence – présence inauthentique –, se dévoile d'autre part comme présence authentique. C'est que le *mana* est une révélation : une sur-vue qui ne consiste pas à voir « autre chose », mais à voir autrement la même chose. Dans la pratique quotidienne de l'entendement, la pensée reste prisonnière de l'écart et du lien entre le phénomène et sa désignation; la révélation, la sur-vue, la

« grâce » du *mana* abolissent, entre chose et signe, l'arbitraire du lien et le lien lui-même[1].

Mana n'est donc ni le « pouvoir » ni l'« efficacité », lesquels à la rigueur sont des *effets* du *mana* : effets confondus avec leur cause par ceux des ethnologues qui veulent à tout prix immanentiser la métaphysique des autres. Avoir le *mana,* c'est aussi bien être *mana,* ce qui signifie être capable de voir (entendre, saisir, agir) *mana.* Et si ce que l'on appelle la magie est d'abord une manière d'appréhender l'existence phénoménale de toute chose, fondée sur une conception de l'énergie et de toute chose comme expression de l'énergie, alors il faut voir dans la magie, avec son recours à l'efficacité, d'abord une visée des choses, et ensuite seulement un contrôle des choses visées.

On contrôle à la condition de connaître, et le connu de la magie est tel qu'incompatibilités, contrastes, distances y sont abolis; il s'agit de la quête d'un Même, absolu et général, qui fait que les choses se ressemblent et peuvent communiquer. La saisie de ce rapport est forcément exceptionnelle, et aussi exceptionnellement féconde.

1. Le *Verstand* (entendement) distingue le phénomène *(Erscheinung)* de l' « être-vrai » *(übersinnliche Welt).* Mais le *Gegenstand,* l'objet opposé au sujet, est conservé : c'est le monde supra-sensible, où « l'essence cachée des choses » *(das Innere)* est censée pouvoir exister indépendamment du sujet qui la pense.

« *Das Innere* correspond au *mana* de la pensée primitive [...]. C'est d'abord l'être pur du réel révélé par la sensation, c'est-à-dire le *Sein* [...]. C'est aussi une donnée pour l'entendement, au-delà de la conscience immédiate ou sensible [...]. L'être développé par la force [*Kraft*] c'est le phénomène [*Erscheinung*]. » A. Kojève, *Introduction à la lecture de Hegel, op. cit.*, p. 46-47, 110).

13

Nous sommes maintenant en mesure de poser la question : *mana* « équivaut »-il à *tupu* – et, si oui, avec quelles restrictions?

Mana et *tupu* renvoient l'un et l'autre au mouvement et à l'accomplissement, à ce qui rend possible le mouvement et à ce par quoi le mouvement se révèle achevé. Mais les deux notions cessent d'être équivalentes lorsque l'on examine les effets respectifs des mouvements qu'elles impliquent, et dont on peut seulement dire qu'ils sont aussi irrésistibles et puissants l'un que l'autre.

Tupu inclut le *mana* comme il incluait déjà aussi le *hau,* et de la même manière que la *physis,* en tant que Béance, accueille et engloutit toutes les manifestations de croissance et de déclin. Il s'ensuit que l'achèvement du *tupu,* en soi, ne peut pas avoir forme, bien qu'il s'accomplisse selon un ordre et soit, de ce point de vue, un mouvement qui tend à l'achèvement. De ce fait même, il échappe à la sphère de l'efficacité, pensée comme une possibilité du vouloir. Et il ne peut pas non plus se révéler à la pensée dans un processus où celle-ci conquiert une intelligence des choses plus « vraie » que celle qui est atteinte par l'entendement commun.

Tupu, expression mélanésienne de ce que les Anciens, chez nous, désignaient par « Nature », ne semble pas ouvrir sur ce « savoir de la Nature » qu'est la métaphysique. C'est plutôt autour de l'autre concept, celui de *mana,* que s'amorce la métaphysique dans laquelle mnèse, anamnèse, théorie de l'énergie, intelligence surplombant et maîtrisant les choses se trouvent conjuguées.

Si *mana* est aussi mouvement, il se sépare du *tupu* par l'idée d'authenticité qui lui est attachée (« ce qui de soi-même [se] meut »). Ce par quoi toute chose peut être dite véritablement elle-même est précisément ce qui sépare *mana* de *tupu.* C'est que le *mana* n'est pas le mouvement en général, mais seulement un type particulier de mouvement : un mouvement qui s'exprime *hic et nunc,* et jusqu'à son achèvement. Il y a *des mana,* qui se révèlent dans *des* manifestations. Le *mana* peut en outre prétendre à une efficacité, qui tient à ce que son authenticité s'adresse, « fait signe », à l'entendement qui le saisit. C'est pour cette raison, me semble-t-il, que le *mana* doit être considéré comme un savoir sur la nature, et non comme la nature elle-même. Rien d'étonnant, donc, à ce que le *mana* fonde cette aperception particulière et particulièrement efficace qui se dit « magique », et qui témoigne d'une volonté de saisir et d'instrumentaliser la *physis* (entendue alors, naturellement, comme comprenant aussi l'humain).

On pourrait être tenté d'identifier le *mana* au *hau,* si l'on se souvient que j'avais proposé de considérer le *hau* comme le *tupu* distinct, spécifié, de telle ou telle chose particulière. De fait, il y a *des mana* comme il y a *des tupu.* Il me semble toutefois qu'une telle identification serait erronée, parce que à la différence du *hau,* le *mana* est à la fois manifestation et *appréhension* de l'étant lorsqu'il est saisi dans son achèvement et dans sa complétude. *Hau* est la possibilité d'achèvement qui revient à toute chose animée par le *tupu. Mana* est le *tupu* révélé à l'homme; savoir du *tupu,* mais savoir partiel et incomplet puisque le *tupu* est, en lui-même et dans sa totalité, toujours postulé.

14

Reste pour conclure à préciser la relation entre l'interdit *(tapu),* la nature *(tupu)* et l'impureté. Ou, plus exactement, la relation de l'impureté à la *physis,* selon qu'elle est ou non médiatisée par les clivages qu'institue l'interdit.

L'impur est inhérent à la fertilité humaine et l'interdit constitue le recours par lequel l'homme tente de se protéger de la menace de l'impur, en se situant hors du cycle de la reproduction, hors de la fertilité. Mais l'impur ne peut pas caractériser la *physis,* laquelle est en deçà et au-delà de l'humain.

L'homme est issu de l'impur. Être homme, c'est le savoir et savoir par moments se débarrasser de ce savoir – ou faire semblant. C'est pour cette raison qu'en Océanie la définition de l'homme est à la fois et indissociablement ontologique et liturgique, s'il est vrai que l'homme se définit aussi *contre* l'impur, et que cette opposition orchestre en permanence et en profondeur son comportement. C'est sur un fond négatif inéluctable que l'humain constitue son véritable socle, et il ne s'y maintient que par le recours à l'interdit, c'est-à-dire par la négation de son être originaire. Cette double référence, à l'impur et à l'interdit, définit la spécificité de l'humain parmi les autres manifestations du *tupu :* l'homme émerge de la dissociation proclamée entre la nature, la croissance en général, et la croissance humaine. Celle-ci est fondée sur une condition considérée comme unique dans la nature : celle de la sexualité rapportée à la femme, agent de procréation et réceptacle d'impureté. Or le *tupu* est justement ce qui n'est ni sexualisé, ni impur.

Il semble que ce soit seulement par la figure de la transcendance, qui se nomme souvent *tupuna* (ancestralité), que croissance et croissance de l'humain puissent se rejoindre.

La transcendance, ancestralité et/ou divin (mais ce clivage me semblerait mériter d'être remis en question), constitue le *lieu* de convergence de l'humain et du *tupu.* Car, en dialectisant l'humain et le non-humain, l'ancestralité, qui est l'humanité d'après la mort, rejoint le cycle de la génération et de la corruption qui revient *in toto* à la croissance en général. C'est ainsi du moins que je *lis* certaines propositions classiques telles que : l'ancêtre est aussi garant de fertilité en tant que médiateur, au-delà de l'impur, entre l'humain et le *tupu* en général. Comme s'il fallait que les hommes meurent pour être réintégrés au *tupu*. J'ajoute que cette lecture pose le problème, que je ne peux aborder ici, du degré de « naturalité » que l'ancestralité atteindrait en devenant le lieu de convergence que je propose d'y voir.

Le *mana* de l'humain qui vit est éphémère : toute la littérature océanienne souligne la hantise que les hommes ont de le perdre. Seul le *mana* de l'ancestralité est définitif. Si le *tupu* s'achève, pour les choses, dans le *mana* des choses, on pourrait dire que le *mana* de l'ancestralité est l'achèvement de l'homme. Mais je ne dirais pas que le *mana* de l'ancestralité soit un achèvement du *tupu*, car les hommes se pensent hors du *tupu* – originairement, puisqu'ils sont issus de l'impur, et eschatologiquement, puisqu'ils seront *tupuna*. Ne peut-on, néanmoins, voir dans cette échappée eschatologique une tendance à abolir la spécificité humaine en faveur d'une identification avec le non-humain, tendance qui peut-être se manifeste aussi du côté du totémisme?

Mais *kaati eenaa :* assez sur ce sujet.

IV

L'ABONDANCE DES PAUVRES

1

Le livre de Marshall Sahlins, *Stone Age Economics* [1], répond excellemment à la nécessité d'écrire sur l'anthropologie économique en renouant avec la meilleure tradition ethnologique : en lui restituant toute son ambition spéculative sans l'attiédir dans un discours économiste qui n'est plus anthropologique que par convention rhétorique. Le livre porte sur les conditions d'existence matérielles (dans le sens le plus large) communes aux sociétés archaïques : enquête qui appelle un judicieux « retour aux choses ».

Repenser le corps social archaïque comme corps social idéal [2] ou le décrire comme réalité empiriquement attestée (c'est l'objet de l'ethnographie contemporaine), cela revient à ne plus ignorer l'apport décisif de la philosophie politique et des théories du droit naturel qui nourrissent le XVIIIe siècle. Dans *Stone Age Economics,* ce passé est pris en compte et c'est dans le dialogue avec ses devanciers que Sahlins situe ses thèmes. Le politique y est traité comme l'expression

1. *Op. cit.*
2. « Démêler ce qu'il y a d'originaire et d'artificiel dans la nature actuelle de l'Homme, et /de/ bien connaître cet état qui n'existe plus, qui n'a peut-être jamais existé, qui probablement n'existera jamais, et dont il est pourtant nécessaire d'avoir des notions justes pour bien juger de notre état présent », Rousseau, *Discours sur l'origine et les fondements de l'Inégalité parmi les hommes,* Paris, Gallimard, « La Pléiade », 1964, préface, p. 123.

multiforme d'impératifs sociaux, non comme « lieu » ni comme pratique distincte (« combat avec les lois »), mais comme cause et condition des rapports qui stipulent l'existence du social. Il est donc reconnu que le pouvoir appartient à l'ordre du tacite, mais cette concession ne conduit pas à le réifier comme on le fait souvent en lui attribuant un excès de misères et une débauche de splendeurs maléfiques. Car c'est une condition fondamentale du politique aussi, que de se dérouler dans l'apparence.

Reste cependant que, n'étant ni un commentaire des classiques des Lumières, ni un inventaire raisonné de documents ethnographiques anciens et modernes, ce livre est composite. Repenser l'archaïque conduit à renouveler l'image de la primitivité comme mode de vie pour en proposer une autre qui serait compatible avec la réalité, même au risque de contredire les représentations communément admises en Occident. Mélange d'arguments dont certains, ceux qui ont eu le plus de retentissement, paraissent ambigus, étant soutenus par la représentation excessivement généreuse d'un archaïsme vertueux, transparent dans ses finalités sages, et qui tend à se substituer, au sens où il assume la même fonction, aux représentations contre lesquelles Sahlins porte son combat. Mais même cette substitution comporte une leçon que l'anthropologie a esquivée en se réfugiant derrière un humanisme vague et tautologique. Le plaidoyer de Sahlins défend des valeurs (sur lesquelles on peut ne pas être d'accord) en dégageant les bases matérielles qui les ont produites. D'autres propos révèlent une position philosophique singulière qui combine de façon très personnelle le pessimisme rousseauiste, celui du *Discours sur les sciences et les arts* (l'inévitable corruption engendrée par la civilisation, l'accroissement et la perversion des besoins), et le « réalisme pessimiste » de Hobbes (l'état conflictuel endémique, structurel, des sociétés primitives « sans Prince »). C'est d'ailleurs dans l'usage très adroit de ces emprunts que réside l'originalité de la position de Sahlins, où se confrontent les présupposés anglo-saxons et français concernant la nature des faits sociaux, leur constitution, leur permanence. Propos d'un moraliste (les valeurs sont-elles des valeurs?) qui juge le présent et l'Occident en contemplant l'image d'un passé restauré, et d'un philosophe qui s'interroge sur la véracité de cette image ternie par les idées reçues qui ont fait d'elle une effigie de la barbarie malheureuse. Mais comment dissocier ces deux attitudes si on veut sonder les lois qui commandent le destin des cultures humaines? La seule forme d'interrogation anthropologique n'est-elle pas celle qui médiatise l'identité par l'altérité, en examinant l'Autre pour découvrir ce qui en nous-mêmes nous fige dans l'aliénation et l'aveuglement?

2

Les sociétés primitives sont-elles victimes du malheur économique, et leur fragilité serait-elle le gage qu'elles paient à leur « sous-développement »? Ou ne s'agit-il que d'un lieu commun suranné et infondé que la parole occidentale propose pour avilir l'image des autres cultures et exalter la sienne?

Pour Sahlins, les sociétés primitives de nomades-chasseurs ou d'agriculteurs itinérants ne sont en proie ni à la misère ni à l'indigence, ne sont pas marquées du stigmate que nous impose l'impératif aliénant du travail – du moins le sont-elles moins que nous. La rareté naturelle est le fruit imaginaire de l'angoisse de l'*homo faber* occidental. Il est faux de parler pour ces cultures d'inadéquation entre les besoins et la capacité de les satisfaire.

La définition scolaire (économique) de la rareté est celle d'une inadéquation entre moyens et fins. La rareté est déséquilibre. C'est la résultante d'un rapport inégal, non la condition préalable qui ordonne l'orientation de ce même rapport. Les moyens se définissent par les fins, comme la valeur d'usage n'existe que dans le rapport entre deux marchandises mises en présence. Il n'y aura donc pas de rareté là où il y a bon usage (ou simplement : acceptation) des limites matérielles auxquelles doit se plier une société pour garder son équilibre, c'est-à-dire son existence.

Tout cela était déjà dans Épicure. Pas de rareté signifie : pas de déséquilibre. Et l'équilibre à préserver est fonction de quatre facteurs : les moyens, les fins, les individus, l'environnement. Il suffit que ces facteurs soient ensemble affectés d'un coefficient *bas et stable* pour qu'on ait de bonnes chances d'éviter le désastre, et même tout dérapage imprévu dans le fonctionnement de la machine sociale. La lutte contre la rareté est donc la lutte contre l'inadéquation : elle comporte, en milieu archaïque, la valorisation de la parcimonie. *Parvi sapientia, parvi harmonia.* Système réduit, système des réductions; son élégance tient à sa résistance dans l'infime; d'où la valorisation technique du détail. Sagesse et plaisir, indissociablement liés : l'équilibre, ou plutôt la sagesse qui permet de l'assurer, consiste dans la connaissance et le bon usage des limites.

Sahlins s'efforce, avec beaucoup de conviction, de montrer la beauté du poli archaïque. Il serait de mauvais goût de ne pas être d'accord avec lui. L'excellence des systèmes archaïques ne leur a-t-elle pas permis de rester tels jusqu'à une date récente? Mais dans l'équation qui permet d'invalider l'idée de la rareté naturelle, malheur ontique que l'Occident tente de conjurer, un facteur tiers qui commande les deux autres est toujours implicite : celui des besoins. Le rapport des besoins aux deux autres facteurs est transitif : les besoins commandent les fins et les fins imposent des moyens. Les critères du choix, aussi bien des moyens que des fins, supposent la reconnaissance des besoins, de leur nature et de la nécessité de leur assouvissement. Comment se manifestent-ils là où, affirme-t-on, les hommes n'ont pas à supporter le fardeau et la malédiction des « besoins infinis », la tendance à les multiplier? Seule la sobriété assure l'arrêt du délire, et conjure l'absurde. « Le progrès des lettres est toujours en proportion avec la grandeur des empires. Soit. Je vois qu'on me parle toujours de fortune et de grandeur. Je parlois moi de mœurs et de vertu [1]. » La mesure nie l'infini : voilà la sagesse néolithique, sa *vertu.*

Certes. Sommes-nous sûrs pourtant de l'avoir réellement saisie? Sommes-nous sûrs que les seuls besoins à satisfaire soient ceux que la maîtrise de l'arc, le labeur paisible dans les champs défrichés, la mesure dans le plaisir, semblent aptes à procurer dans la paix modeste des communautés primitives? Ces « bornes du luxe », comme dirait Rousseau, à quelle complétude renvoient-elles? Dans l'argument de Sahlins, la joie que procure l'exercice des talents archaïques est assurée, car les besoins qui la fondent sont tous *fondamentaux parce que primaires,* et se définissent par la réalisation quasi parfaite d'impératifs de préservation de l'espèce. Tous les besoins sont des variantes du besoin, ou du *droit,* de vivre. Mais pour que cet argument fût acceptable, il faudrait supposer une uniformité des besoins, à peu près impossible, non pas, peut-être, dans les ghettos de la société industrielle où sévissent maintes anti-sociétés, mais dans les sociétés primitives. Même dans l'inhospitalière Terre d'Arnhem les besoins sont multiformes, mais aussi impératifs les uns que les autres : besoins organiques et besoins eudémoniques, besoins de survie et besoins culturels. Si les besoins énergétiques de subsistance sont communs à l'espèce humaine en tant qu'espèce vivante, les nécessités culturelles, qui sont solidaires des besoins de l'espèce, ne coïncident cependant jamais avec eux. Beaucoup de loisirs, peu d'activité pour des corps nourris à suffisance, affirme Sahlins. Cette prudence énergétique ne serait qu'un aspect de l'*instinct* de l'homme.

1. Rousseau, *Dernière réponse à Lecat,* Paris, Gallimard, « La Pléiade », t. III, p. 97.

3

Le poli archaïque a l'aspect paradoxal de la vis éternelle de Brancusi : parfaite dans son dépouillement, elle tourne sur place – et à vide.

D'un mouvement régulier, la sobriété archaïque arrive à se maintenir sans changer. Des dispositifs sont mis en place pour renforcer le dépouillement de l'*eidos* primitif. De ce point de vue, le chasseur-nomade est un paradigme : tout excès physique ou matériel est pour lui un fardeau car il vit sous la contrainte technico-existentielle d'agir dans la mouvance : « entre propriété et mobilité, il y a contradiction [1] »; « le stockage a pour inconvénient d'aviver la contradiction entre chasse et mobilité [2] ». Dans le portrait qu'en fait Sahlins, l'homme-chasseur, l'homme d'« avant le néolithique », est la figure de la sobriété : il n'a rien, sinon le nécessaire pour avoir ce rien qui lui suffit. La mesure intérieure (limitation des besoins) et extérieure (limitation dcs fins) qui permet à l'homme-chasseur de se maintenir dans les limites étroites d'où il pourra contempler son horizon immuable et uniforme – celui de la nécessité alimentaire –, cette mesure, note Sahlins, suppose une activité intermittente. Chasse sporadique. Des données anciennes soigneusement réunies (chroniqueurs, voyageurs) et récentes [3] semblent indiquer que l'homme-chasseur n'exploite complètement ni ses propres capacités productives ni les ressources naturelles qui l'entourent. « La

1. Sahlins, *op. cit.*, p. 50.
2. *Ibid.*, p. 72.
3. Mais ces dernières, qui sont quantifiées, paraissent, de l'avis de Sahlins lui-même, d'une faible représentativité : faut-il se fier à ces recensements statistiques qui rassemblent des informations portant au maximum sur une période de deux semaines? Cf. *ibid.*, p. 14-24 de l'éd. angl.

principale activité alternant avec le travail est le sommeil [1]. » L'homme travaille donc, mais peu – et dans la suffisance. Il y a là un propos révélateur d'une conception particulière de l'archaïque qui fait de ces communautés des cultures en quelque sorte *plus naturelles* que d'autres; cultures de tout repos d'où la hantise du travail et le spectre de la famine sont absents : telles sont les lettres de créance des « premières sociétés d'abondance ».

Qu'une telle représentation, par quoi on conjure les affres du présent, soit largement répandue à l'état diffus dans l'Occident post-industriel est indiscutable. Les arguments de *Stone Age Economics* sont là pour le rappeler. Mais autre chose est d'affirmer qu'elle suffit à décrire l'altérité néolithique. L'affirmation renverse les vieilles convictions de telle manière que certaines ombres brouillent le nouvel éclairage. Si la tendance commune à ces cultures consiste à refuser le superflu, factuellement et idéalement – quitte à le restaurer peut-être et subrepticement sous d'autres formes (mais au juste : qu'est-ce qu'est le superflu archaïque?) –, si Sahlins ne se dissimule pas le problème lorsqu'il affirme que ces sociétés ont « la superstructure érodée [où seul] demeure le roc des activités de subsistance », deux questions se posent aussitôt, et qui risquent de rester pour longtemps encore sans réponse. En quoi l'abondance du néolithique serait-elle garantie d'une pauvreté superstructurale? Où se situe, en milieu archaïque, la ligne de partage entre le superflu et le nécessaire?

L'image de l'opulence originelle de l'improbable état de nature où l'existence s'organise autour de buts limités suscitant des attroupements sporadiques d'humains réunis pour les atteindre ignore l'impressionnante quantité de temps et d'énergie que ces cultures dépensent en faires cultuels inlassablement répétés, et situe ces derniers dans le registre,

1. *Ibid.*, p. 58.

fort occidental et fort approximatif, des « loisirs ». Le non-travail, en Occident, est loisir, « pur vide, unité inactive de l'esprit » : ainsi parlait Hegel de l'archétype du loisir occidental qu'est le sabbath [1]. Ni travail ni culte : l'absence des deux pour un temps défini qui régulièrement revient. La liberté hors des peines du travail est immensément courte. D'ailleurs, l'opposition de la vie pratique et de la vie contemplative est, même en Occident, toute relative. Les Grecs comprenaient mieux les choses. La sagesse occidentale exporte des désastres. Temps libre, sans peine, pour respecter le vide. Peut-être les « activités de non-subsistance » sont-elles chez les primitifs plus importantes que le travail fourni pour atteindre le nécessaire vital, et on peut se demander ce que vaut pour ces cultures la distinction qui fonde notre propre aliénation, entre travail et loisir, où le loisir est ce qui reste après le travail.

Si l'on veut débattre des fondements de la nécessité archaïque de rester archaïque, il faudrait établir quels impératifs commandent à ces sociétés d'être davantage occupées à produire le temps de la commémoration, à préserver l'ordre de la liturgie dans un temps long, qu'à accomplir la réitération aliénante de l'effort pour la subsistance. Où se situe le clivage et où commence leur aliénation? Ce glissement idéologique par quoi une valeur se change en une autre est repérable par ailleurs dans l'usage particulier que Sahlins fait de la notion d'« abondance ».

L'abondance est excès, débordement : du pétrole au Moyen-Orient, du blé dans les greniers du pharaon, des produits de consommation dans les sociétés post-industrielles décrites par Galbraith. Or, ce dont parle Sahlins, cela même qu'il entend légitimement valoriser, est le *welfare,* non l'*affluent* : la suffisance matérielle qu'on peut trouver dans les sociétés archaïques « pures », aussi bien que dans une

1. Cf. *L'Esprit du christianisme et son destin* (1786), éd. fr., Paris, Vrin, 1971.

communauté mormone ou dans les couches de la société capitaliste qui vivent sur les fausses, mais raisonnables, valeurs bourgeoises de l'aisance tempérée. De plus (en économie), l'abondance, par définition, est un déséquilibre positif. Ne fût-ce que pour cela, cette notion ne devrait pas s'appliquer aux sociétés dont on a vanté la victoire sur l'inadéquation entre moyens et fins. Sahlins ajoute : « L'ère de la famine sans précédents, c'est celle-ci, la nôtre [1] »; Rousseau disait : « S'il n'y avait point de luxe, il n'y aurait point de pauvres [2]. » Et d'insister sur le fait que la pauvreté ne se définit pas en considérant la faible quantité de biens disponibles, ni l'inadéquation entre moyens et fins, mais tout d'abord la relation qui s'établit d'homme à homme. « La pauvreté est un statut social [3]. » Sans doute. Mais que vaut au juste la comparaison trans-culturelle et trans-historique entre le Tiers Monde sous-développé, empire de la famine, et le néolithique? Affirmer que l'inégalité et la pauvreté ne sont pas le lot du néolithique mais bien celui de notre ère entièrement bâtie sur l'exploitation de l'homme, c'est opposer deux réalités peut-être non comparables. Le contemporain est cet ensemble qui réunit des inégalités extrêmes : Chicago et Dacca, agriculteurs de Nouvelle-Guinée et prolétaires d'Europe; le néolithique et ce qui le précède constituent au contraire un ensemble (hypothétique) d'une relative homogénéité.

1. *Op. cit.*, p. 78.
2. Rousseau, *Discours sur les sciences et les arts*, « Dernière réponse à M. Bordes », Paris, Gallimard, « La Pléiade », 1964, vol. III, p. 79.
3. Sahlins, *op. cit.*, p. 80.

4

Il y a dans ces cultures, dit Sahlins, un refus éthique d'accumuler les biens qui se prêteraient à l'accumulation (outils, biens de subsistance). Cela vaut pour les nomades (chasseurs) comme pour les sédentaires (agriculteurs). Sahlins remarque que la force de travail socialement nécessaire à satisfaire les besoins limités de ces sociétés ne s'accroît guère lorsque les nomades se sédentarisent. D'un strict point de vue économique, la mutation qui instaure par définition le néolithique n'apporte pas de changements notables. Parallèlement, il note que dans l'économie primitive l'optimal de consommation (aisément atteint) ne requiert pas un optimal de production : « L'organisation socioculturelle n'est pas déterminée par les limites techniques de la production en vue d'une maximisation des rendements, mais, bien au contraire, elle entrave le développement des moyens de production [1]. » Cette « structure de la sous-production », comme l'appelle désormais Sahlins, est préservée-déterminée par *a)* une sous-utilisation des ressources naturelles disponibles, *b)* un sous-emploi de la main-d'œuvre : la force de travail « est sous-employée par des normes excessivement modérées du travail jugé " suffisant " [2] ». Mais *c)* elle débouche sur un « échec domestique » auquel Sahlins consacre la deuxième partie du livre : « Un pourcentage non négligeable des groupes domestiques (les unités autonomes de production) ne parviennent jamais à assurer leur propre subsistance [3]. »

Ce mode de production archaïque (ou domestique) est production pour la consommation : activité de subsistance, donc « production qui tend à prendre *valeur d'usage* à travers les actes même de l'échange [4] ». Ainsi la sous-production, posée au départ comme optimum économique, révèle « un

1. *Ibid.*, p. 80. – 2. *Ibid.*, p. 94. – 3. *Ibid.*, p. 111. – 4. *Ibid.*, p. 127.

degré substantiel d'échec économique ». Condition constitutive de l'économie primitive, la sous-production recèle en elle-même sa propre limite, la menace qui découle de sa propre contradiction. Certes, le modèle économique archaïque « est foncièrement hostile à la formation du surplus [...], réfractaire tant à l'exercice du pouvoir qu'à tout accroissement de la production [1] ». Mais les unités parentales qui le constituent « ne produisent pas tout ce dont elles ont besoin [2] ». D'où l'impératif auquel Sahlins consacre la deuxième moitié du livre : l'échange, sous toutes ses formes. C'est en décelant cette contradiction majeure du mode de subsistance archaïque que Sahlins aborde de manière très originale la « nature » de la société archaïque, socle sur lequel ont germé les déviations qui aboutissent jusqu'à nous. Le vouloir réduit du néolithique vise des objectifs économiques limités. Pas de richesse *abstraite*, négation de tout principe de surplus. « Rien dans la structure de production de consommation ne l'incite à se transcender elle-même [...]. Ayant atteint la satisfaction de la consommation, elle s'immobilise [3]. » Comme dans l'état de nature diversement célébré par Hobbes et par Rousseau, ce mode de vie repose sur une structure « qui ne préjuge d'aucune relation sociale ou matérielle entre maisonnées, sinon une relation d'identité » : égalité donc, mais dans l'isolement. Cette structure préserve un tissu social segmentaire dont les groupes se reconnaissent « solidaires mais de manière organique [4] ». « Laissé à lui-même [ce mode de production] tend [à disperser les individus] parce que la dispersion est absence d'interdépendance et absence de pouvoir commun [5] » : « [les puissantes] forces d'intégration [les principes d'organisation parentaux, cultuels] ne jouent pas au niveau des relations immédiates et dominantes de production [6] ».

On a donc la situation suivante : l'ensemble communau-

1. *Ibid.*, p. 126. – 2. *Ibid.*, p. 127. – 3. *Ibid.*, p. 131. – 4. *Ibid.*, p. 139-140. 5. *Ibid.*, p. 141. – 6. *Ibid.*

taire est segmenté; les unités segmentaires sont économiquement (et idéalement) autonomes. Cet isolement crée toutefois des insuffisances sectorielles, car l'autonomie n'est pas compatible avec les capacités productives et les besoins de subsistance, pourtant réduits, de chaque unité. Par ailleurs, la dispersion des unités n'est pas résolue, sur le plan économique, par les « forces intégratives » qui, de l'extérieur, corrigent impérativement l'isolement sans pour autant corriger les déficits sectoriels induits par le mode de production.

Le mode de production archaïque dévoile dans la pratique une contradiction avec les valeurs de parcimonie et d'isolement qu'il prétend défendre : l'autarcie, ainsi que la structure de la sous-production à l'échelle communautaire, est intenable. Sahlins s'interroge alors sur les recours structurels fonctionnant comme palliatifs aux contradictions qui menacent le système.

5

La contradiction du social archaïque repose sur l'aliénation nécessaire à la constitution de l'état de société dont parle Rousseau : aliénation d'une partie du libre arbitre, mais aliénation positive. Les hommes du Contrat instaurent ce qui est à la fois naturel et artificiel : la société humaine.

Sahlins décèle dans l'archaïque la coexistence de deux tendances antinomiques : l'« en-soi », tendance centripète, le « pour-l'autre », tendance centrifuge; l'altérité irréductible, farouchement défendue, de chaque unité; la communication entre ces monades séparées. « Tôt ou tard, la famille découvre qu'elle n'a pas les moyens de subsister [1]. » Monade disjointe des autres monades, son autarcie la mène au désastre. Car, sans surplus, comment pourrait-elle faire vivre les institutions

1. *Ibid.*, p. 144.

qui dépassent son cadre? Le maintien de cela même qui rend spécifique le mode de vie primitif menace son existence.

La contradiction qui oppose la solidarité née des relations extra-parentales aux forces autarciques de production instaure un conflit entre l'économie restreinte (à la maisonnée) et le « corps social » (l'*ensemble* segmenté des unités parentales). Ces contradictions, soutient Sahlins, peuvent être résorbées soit par « une intensification économique [suscitée] par des structures culturelles qui transcendent la pratique productive [1] », en agissant sur la base du principe de solidarité (de tels systèmes sociaux admettent des sous-productions locales et des excédents productifs locaux qui compensent, jusqu'à la prévenir, l'insuffisance productive de certains secteurs), soit par des impératifs cultuels (activités rituelles récurrentes), soit encore par des impératifs qui enclenchent le processus de l'échange. Précisons l'argument; c'est de lui que dépend la compréhension de l'incompatibilité majeure entre norme et praxis, à laquelle Sahlins veut en venir.

Les contradictions, affirme-t-on, surgissent de l'incompatibilité *phénoménale* entre la « famille-noyau » (famille élémentaire ou maisonnée) et le « corps social », ici l'Englobant. L'Englobant fusionne tandis que les unités réitèrent la fission. Interrogeons-nous maintenant sur la « réalité » de ces deux entités, c'est-à-dire sur leur nécessité sociologique. Si l'existence de la première est posée à la fois comme déterminante et irréductible (sans familles pas de société), peut-on en dire autant de celle qui repose sur ce socle? L'Englobant existe, *il faut qu'il existe :* comme « organisme communautaire » dont les unités subissent rétroactivement l'action. On peut observer qu'ainsi définies, les deux entités sociales coïncident avec les définitions durkheimiennes des sociétés segmentaires, « formées par la répétition d'agrégats semblables entre eux [...] qui ne comportent d'autre solidarité que celle qui dérive des similitudes, puisque la société est formée de segments

1. *Ibid.*, p. 146.

similaires et que ceux-ci, à leur tour, ne renferment que des éléments homogènes [1] ». Comme Durkheim, Sahlins voit dans le « corps social » comme une projection des unités qui le composent, sans s'interroger sur la nécessité non empirique qui transforme les unités familiales isolées économiquement en agrégats dépendants. L'hypothèse de la projection, à supposer qu'elle soit plausible, n'explique pas encore la nécessité du processus. On peut noter que de surcroît (chez Sahlins comme chez Durkheim) l'Englobant existe sans que l'on sache comment il s'est constitué, en dépit de fortes tendances à la segmentation et de l'isolement des unités parentales dont on a noté la naturelle résistance à la fusion. Or, le corps social ne se superpose pas aux familles comme une synthèse de leur être, comme un principe externe destiné à les organiser. Comment le corps social pourrait-il d'ailleurs se présenter comme une nécessité extérieure à la famille s'il constituait vraiment leur principe interne, leur « but immanent » ?

Sur ces contradictions viendraient se greffer les « structures culturelles », véhicules de la solidarité par quoi s'effectuent les tendances du tout à l'harmonisation et à la résorption (temporaire) des contradictions. Le moins qu'on puisse dire est que le « corps social » comme les « structures culturelles » (et surtout le premier) sont effectifs *empiriquement,* mais demeurent, *théoriquement,* inexpliqués. L'erreur de Sahlins est d'essayer de concilier leur différence en ne s'appuyant que sur des concepts empiriques : il comble peut-être ainsi hâtivement le hiatus inexpliqué (et dans ce sens paradoxal) qui atteste dans n'importe quelle communauté primitive que le social (le Contrat) a déjà été, si l'on peut dire, intériorisé, sinon il n'y aurait guère d'« extérieur » à la famille c'est-à-dire guère de société. Mais l'insistance de Sahlins sur ce qu'il appelle la *kinship policy* fait entrevoir que l'hiatus n'est ni

1. « Prépondérance de la solidarité », *in* E. Durkheim, *De la division du travail social,* Paris, 1914, p. 150-153.

entièrement admis ni entièrement oblitéré. Quel est en effet le principe des contraintes négatives et positives (droits et obligations) extérieures à la maisonnée sinon le principe parental dont l'application crée les liens qui idéalement (et dans certaines sociétés seulement) embrassent l'entière communauté? La parenté est ordre (ensemble ordonné de rapports) et obligation : « La parenté est une relation sociale de réciprocité, de solidarité, de secours mutuel [1] », mais aussi idéologie : système de principes qui affirment l'existence et la nécessité des liens extra-familiaux, autrement dit qui permettent l'extériorisation des relations de solidarité hors de l'enceinte isolée de la famille. Mais cette idéologie, aussi puissante et étendue soit-elle, note Sahlins, affirme un principe *égalitariste* de solidarité (l'aire étendue des parents réunit des individus ayant des attributs sociologiques communs) lequel n'est guère en mesure de résoudre les *différences*, effectives et réitérées dans la praxis (l'isolement des maisonnées). C'est là la contradiction irréductible, permanente, de la société et de l'économie primitives : « L'extension [de la parenté] est purement formelle [puisqu'en fait elle est] contrecarrée par des ruptures, des distances sociales [2]. » Sur cette « contradiction constitutive entre la maisonnée et la parenté étendue [3] » se greffe l'ambiguïté idéologique de la réciprocité (obligation de créer et de maintenir des liens égalitaires) et de l'autorité (« partout dans le monde la réciprocité est une catégorie qui véhicule aussi l'exploitation [4] ») : contradiction entre l'obligation parentale (l'extension des liens) et l'isolement (l'« en-soi » de la famille), entre l'obligation liée à la parenté et l'obligation liée à l'autorité (nouvelle forme de réciprocité car « l'éthique de la prodigalité du chef sanctionne l'inégalité [5] »). Sahlins a raison de situer l'autorité primitive dans la sphère parentale, non pas parce

1. *Sahlins, op. cit.*, p. 182.
2. *Ibid.*, p. 172. – 3. *Ibid.*, p. 175. – 4. *Ibid.*, p. 183. – 5. *Ibid.*, p. 184.

que le rôle du chef et le statut de parent sont équivalents, mais parce qu'elle n'existe que grâce à l'extension des liens sociaux entraînée par l'idéologie parentale de la réciprocité. L'innovation structurelle apportée par l'autorité dans ces rapports vient de l'usage particulier qui sera fait du discours de la réciprocité. L'autorité amorce la fusion du *socius* segmentaire en vue de parachever une plus vaste solidarité; elle annule, de ce fait, la tendance archaïque profonde à la segmentation. Si elle réussit, de nouvelles différences surgiront, mais autres que celles qui découlent de l'antinomie primordiale de l'« en-soi » oppposé à l'extérieur; « l'anonyme et silencieux gouvernement de la structure [1] » d'antan s'effrite et ces nouvelles contraintes transforment l'économie domestique en une économie publique « qui transcende la somme de ses parties constitutives [2] ». Mais, conclut Sahlins, lorsqu'une organisation politique en mesure d'accroître les capacités productives est atteinte, « les droits du chef sur l'économie des maisonnées se heurtent à une limite morale qui tient à la configuration même d'une société fondée sur les relations de parenté [3] ». L'accroissement est le sûr indice d'une métamorphose; de là, les bornes qu'on lui oppose, et dont le dépassement signifierait aussi une évolution vers une forme sociale qui ne serait plus archaïque. Ces bornes coïncident avec les principes de la parenté étendue; au-delà, l'ordre communautaire n'est plus parental.

6

Il serait bon de s'interroger un jour sur la persistance et le pouvoir de fascination de certaines idées sur le droit naturel : obligation, solidarité, intégration, *communitas,* auxquelles,

1. *Ibid.*, p. 187. – 2. *Ibid.*, p. 191. – 3. *Ibid.*

tôt ou tard, sont confrontés ceux qui entendent débattre du politique. En anthropologie, le débat sur les fondements du social consiste soit à épouser, soit à corriger (et pas toujours ouvertement) les positions classiques que la philosophie des Lumières a établies à travers Hobbes et Rousseau. Mais la réflexion s'arrête à ces auteurs comme si les contributions capitales qui modifient profondément ces « acquis », celles de Kant et de Hegel, ne méritaient aucune considération. Comme si la philosophie politique avait perdu son intérêt (donc aussi son « utilité anthropologique »), en s'écartant de l'empirisme du philosophe anglais et de la clarté théorique de son adversaire français. Sahlins n'est pas une exception. Mais il assume mieux que d'autres ce dialogue avec les ancêtres. Sa réflexion sur l'inéluctable modalité de l'échange induite par la loi de la réciprocité constitue, en dépit du blanc théorique qu'on vient de dénoncer, l'une des lectures les plus pertinentes et les plus originales du Contrat primitif. S'acheminant sur la route qui de Hobbes va jusqu'à Mauss, Sahlins se propose d'éclairer le vieux débat en intégrant l'expérience ethnologique contemporaine. La lecture du commentaire maori sur la notion de *hau,* pierre d'achoppement des controverses anthropologiques les plus vives de ce demi-siècle, montre ce que devrait être une réflexion authentiquement anthropologique sur la « morale » de l'échange, sur la « logique » des transactions archaïques « qui enjoignent non seulement de s'acquitter convenablement mais [qui enjoignent] que l'acquis, le bénéfice, soit dûment acquitté en retour [1] ». Corrigeant le Mauss du *Don* et de l'*Esquisse d'une théorie générale de la magie* et ses successeurs, Sahlins propose de préciser le sens du *hau* (l'« esprit de la chose ») en développant l'idée de la « crue matérielle », suscitée par un échange, de l'entité échangée ou de toute entité qui entre dans une relation de réciprocité; cette croissance renvoie à (ou exprime) un principe de productivité général, indéterminé, « ni spirituel, ni matériel,

1. *Ibid.*, p. 220.

d'une société où l'" économique ", le " politique ", le " social ", le " religieux ", sont agencés indistinctement au moyen des mêmes relations et étroitement mêlés au sein des mêmes activités [1] ». L'argument confirme ce qu'il y a d'impératif dans l'acte qui instaure non seulement la transaction mais, par là même, une relation nécessaire et représentée comme telle, c'est-à-dire une norme. Sahlins en vient à se demander si l'analogue primitif du Contrat serait le Don [2]. Or, ce rapprochement, à première vue singulier, implique que les propriétés formelles et substantielles des deux soient connues. Si on considère le Contrat à la lumière de ce que Rousseau a pu en dire, « l'acte qui instaure » n'est pas simplement la forme extérieure de l'échange (alliance, solidarité, communion) mais l'entente entre (au moins) deux parties prenantes qui abandonnent d'un commun accord une partie de leur volonté privée, de leur intérêt, en faveur de « l'intérêt commun [3] ». L'aliénation d'une partie du vouloir individuel établit l'entité abstraite et extérieure aux individus qu'est la Communauté. Or, le Don, soutient Sahlins, ne transforme aucunement la liberté des interlocuteurs, ni, de surcroît, le contexte de leur pratique. Le Don n'aboutit pas à la négation des fondements segmentaires de la société archaïque, au contraire : il organise, instaure la relation (la reconnaissance) entre segments (éloignés), dépasse dans la transaction leur écart sans jamais annuler la disjonction structurelle qui est le fondement du corps social. Le Don est une relation « *entre* deux termes [...]; [l'application de la loi de la réciprocité] conjugue leur opposition et, par là même, la perpétue. [Car

1. *Ibid.* Voir *supra,* chap. II, « Essai sur le prêt », et chap. III, « *Tupu* », où je me désolidarise de cette interprétation à laquelle, néanmoins, je reconnais d'avoir posé clairement certaines questions fondamentales à l'anthropologie contemporaine. C'est à partir de Sahlins que ma lecture de l'idéologie de la réciprocité a pu commencer. Voilà le *don* – et non pas la *dette* – que je lui dois.
2. *Ibid.*, p. 221 et *passim.*
3. Rousseau, *Du contrat social, op. cit.*, I, 6.

elle n'institue pas] une tierce partie dont les intérêts prévaudraient sur les intérêts séparés des contractants; [la réciprocité] ne dépossède pas ceux-ci de leur force : car le don affecte seulement la volonté, non le droit [1] ».

Si le Don préserve l'atomisation du corps social grâce à laquelle sont assurés la liberté du sujet et l'équilibre général de la communauté en autarcie, inversement le Contrat idéalise, au sens où il le réifie, l'intérêt de la collectivité. Il réalise l'Harmonie (la Société) et refoule l'intérêt particulier. On voit sur quelles prémisses évolue le raisonnement de Sahlins. Le Don n'est ni l'analogue de ce que le droit naturel appelle Contrat, ni une sorte d'« original du primordial », l'*ante*-contrat, mais une forme de réciprocité positivement disjointe de l'entente qu'instaure le Contrat. Puisque le Don rapproche sans confondre les interlocuteurs en présence, puisque son pouvoir d'intégration n'annule pas la transparence des rapports réciproques qu'il instaure, il exclut ce qui apparaît nécessaire pour faire exister le Contrat, savoir l'aliénation. Le Don n'instaure ni abstraction (l'Idée) ni refoulement (l'aliénation) : « le Don est raison [...] : triomphe de la rationalité humaine sur la déraison de la guerre (c'est-à-dire du conflit, de l'isolement) [2] ». Il y a dans ce raisonnement quelque chose de paradoxal qui mérite d'être éclairé.

Si le Don diffère du Contrat en ce qu'il préserve la liberté de l'individu, et n'implique aucune aliénation, il faudrait alors supposer qu'il peut exister un principe de réciprocité sans effets intégrateurs, et situer le Don dans un état qui procède de la nature humaine mais qui demeure cependant « état de nature ». La leçon de Hobbes permet à Sahlins d'affirmer la légitimité du paradoxe : l'état de nature est déjà une sorte de société, sans souverain, où chacun (chaque individu) a droit d'attaquer, « la guerre de nature est au-delà de la violence

1. Sahlins, *op. cit.*
2. *Ibid.*, p. 228.

humaine [1] ». Ainsi pour Sahlins comme pour Hobbes, et à l'opposé de Rousseau [2], l'état de guerre est une *forme politique déterminée :* libre recours à la force, ordre fondé sur une absence de Loi. Sahlins associe cet ordre au corps social primitif, à cet ensemble dispersé de groupes en conflit. C'est à partir de cet état que le Don s'exerce. Si la menace de la guerre crée l'exigence de réciprocité, « l'obligation compulsive contrecarre la force de répulsion inscrite dans la société. [Ainsi] la suppression de la guerre crée une soumission mutuelle [qui n'est ni] victoire, ni soumission unilatérale [3] ». La raison, qui est Don, institue l'ordre dans la Liberté. « Les transactions [primitives] – les forces de la sociabilité – sont fins en soi, non moyens en vue d'une fin [4]. » Elles « cautionnent et instaurent des relations – c'est ainsi qu'elles transcendent le chaos initial décrit par Hobbes [5] »; elles sont destinées « à la distribution des produits finis et non pas, comme l'échange marchand, à l'acquisition des moyens de production [6] ». On pourrait objecter à Sahlins, en la faisant nôtre, la critique que Rousseau faisait déjà à Hobbes (« ce n'est qu'après avoir fait société avec quelque homme que [l'homme] se détermine à en attaquer un autre [7] »), savoir la priorité *logique* (et non chronologique) du Contrat dans la constitution de toute forme de société. C'est parce que l'homme admet la nécessité du rapport à l'autre, que la rencontre acquiert une valeur de liaison ou de rupture, basculant soit dans la négativité (le conflit), soit dans son contraire (la réciprocité). Pour nier l'autre, il faut préalable-

1. *Ibid.*, p. 224.

2. « [...] l'erreur de Hobbes n'est[...] pas d'avoir établi l'état de guerre entre les hommes indépendants et devenus sociables mais d'avoir supposé cet état naturel à l'espèce, et de l'avoir donné pour cause aux vices dont il est l'effet », Rousseau, *Du contrat social, op. cit.*, 1re version, chap. II.

3. Sahlins, *op. cit.*, p. 227.

4. *Ibid.*, p. 228. – 5. *Ibid.*, p. 238-239. – 6. *Ibid.*

7. *Écrits sur l'abbé de Saint-Pierre (Que l'état de guerre naît de l'état social)*, Paris, Gallimard, « La Pléiade », t. III, p. 563-663.

ment le reconnaître : « la guerre est un état permanent qui suppose des relations constantes, et les relations ont très rarement lieu d'homme à homme, où tout est entre les individus dans un flux continuel qui change incessamment les rapports et les intérêts [1] ».

Mais Sahlins demeure ferme dans ses convictions hobbesiennes, en se fiant à la « réalité » ethnographique : il admet l'état conflictuel (évidence empirique du corps social primitif) et constate qu'il coexiste avec les pratiques d'échange (la réciprocité). Il s'efforce alors de réduire l'antinomique en décrivant les modalités majeures de l'échange primitif [2]. Il en décèle deux. La modalité de la redistribution (qui n'est autre que l'expression matérielle de la notion de « collectivité ») caractérise les relations qui se déploient à l'intérieur d'un groupe, peu importe ici son extension, à partir d'un centre ou noyau (personne physique ou morale, ou les deux à la fois) vers lequel convergent les biens qui, ensuite, doivent s'écouler vers la périphérie, jusqu'aux limites du groupe lui-même. L'exemple le plus frappant de cette modalité redistributive est celui du *leadership* archaïque où s'affirme « la prodigalité de l'autorité », qui exerce des fonctions de *pooling* au sein de la collectivité qui l'entoure. La deuxième modalité est celle de la réciprocité *stricto sensu :* des relations *between,* actions et réactions entre deux parties qui stipulent par là même leur existence réciproque, leurs identités irréductibles. D'où une fausse symétrie propre à la relation, et ce à travers les deux variantes : le « don libre » – « souci altruiste de contenter le partenaire », la « forme de réciprocité généralisée [3] », effort antagoniste de même nature motivé par « un souci égoïste de promouvoir son propre intérêt [4] » –, la forme de « réciprocité négative » dont la modalité la plus courante et impersonnelle demeure le troc [5]. Toutes ces formes de réciprocité dessinent, conclut Sahlins, « le spectre de la sociabilité [6] ».

1. *Ibid.,* p. 602.
2. Sahlins, *op. cit.,* p. 241 et *passim.*
3. *Ibid.,* p. 246. – 4. *Ibid.* – 5. *Ibid.,* p. 249. – 6. *Ibid.,* p. 250.

Sans doute, la description de ces clivages et de ces formes de la réciprocité est-elle, d'un point de vue phénoménologique, intéressante. Reconnaître dans la réciprocité des variations auxquelles on attribue une « nature » fonctionnelle, c'est là une démarche que Mauss lui-même approuverait. Reste cependant qu'une semblable classification de la sociabilité primitive comporte des prémisses implicites, *un non-dit sur la sociabilité elle-même* par quoi elle applique (admirablement) la loi de la réciprocité. Il y a là, en d'autres termes, quelque chose qui, étant invoqué sans être vraiment démontré, gêne la démonstration – et rend douteux les clivages proposés pour nommer et identifier les formes primitives de la réciprocité. On a le sentiment qu'il existe quelque part dans la pensée de Sahlins une prémisse sur les fondements qui est à la fois l'implicite sur lequel repose l'argument, et sa limite : condition pour qu'il puisse y avoir description, mais condition insuffisante car elle n'est pas compatible avec l'objet qu'elle investit.

7

Il faut à nouveau revenir au Contrat. Nous demander s'il est plausible (et à quelles conditions) de postuler cette « réserve positive » que les cultures archaïques affirmeraient à l'égard du « bénéfice aliénant » introduit par le Contrat; s'il a pu exister (ou s'il peut exister encore) des cultures humaines qui ont conjuré l'aliénation comme on prévient « intérieurement » un fléau; une *communitas* qui serait *en deçà* de l'état de société, qui aurait « refusé » le Contrat sans que pour autant son « humanité » soit en cause.

Admettons, pour le moment, et sans tenir compte des objections capitales de Rousseau que nous avons déjà évoquées, que l'argument de Sahlins, inspiré de Hobbes et appuyé sur l'état conflictuel (segmentaire) d'un corps social d'avant le Contrat attesté par l'ethnographie, soit irréfutable. Est-il vrai que le Don serait au Contrat ce que l'identité est à l'aliénation, que le Contrat prive de leur identité ceux qui acceptent de se lier par lui, tandis que le Don laisserait à chacun son identité? Que, dans les confrontations effectuées sous l'égide du Don, c'est la « volonté » et non le « droit », comme l'écrit Sahlins, qui se trouve être mise en jeu de manière circonstantielle, de sorte que l'instauration du droit serait la projection – mais aliénante – de la volonté et que cette dernière, quoique affirmée de manière réitérative dans le Don, se trouverait toujours préservée contre tout danger d'aliénation? Il serait peut-être possible de trancher sur toutes ces questions si l'on savait en quoi la volonté n'est pas le droit et par quoi l'aliénation annule ou tend à annuler l'état dans lequel la volonté serait souveraine, savoir l'état segmentaire. Il faudrait alors corriger les prémisses rousseauistes et hobbesiennes, abandonner leur débat et introduire celui qui revient entièrement à Hegel (et, donc aussi, au jeune Marx). Or cela n'est guère le propos de Sahlins car, pour lui, la volonté a pour effectuation prestigieuse le Don, et le droit s'identifie à l'état aliéné du Contrat. Le clivage est si radical qu'on peut se demander si nous ne sommes pas confrontés à une représentation partiale (donc insuffisante) de la société aliénée (société du Contrat), déterminée de façon exclusivement négative par contraste avec une Société-du-Don trop positive pour être vraie. D'où une nouvelle perplexité.

Si auparavant nous décelions dans la notion d'abondance l'emploi abusif d'une image qui ne correspondait guère à une situation réelle de parcimonie, nous sommes maintenant confrontés à l'emploi ambigu de la notion de *liberté* en tant que non-aliénation, car c'est autour d'elle que Sahlins érige sa défense du Don pour argumenter contre le Contrat. Mais la volonté est-elle déterminée par quelque chose qui ne serait pas la loi? Si elle est dite libre *et* déterminée par la loi morale, la liberté qu'on lui attribue n'a plus aucune particularité phénoménale; Kant a encore raison ici lorsqu'il affirme que la liberté se définit par « le pouvoir qu'elle a de commencer de soi-même un état dont la causalité n'apparaîtra à son tour que sous une autre cause qui la détermine dans le temps [1] ». Droit et volonté ne sont pas des phénomènes distincts mais deux expressions d'une faculté générale qui s'affirme dans la contrainte, dans la limitation. Cette faculté est inhérente à l'humain socialisé, à l'être que nous connaissons partout et toujours – ce qui fait du Contrat une nécessité hypothétique et non une réalité-ayant-eu-lieu de l'anthropologique (« Il ne faut pas prendre les recherches, dans lesquelles on peut entrer sur ce sujet, pour des vérités historiques, mais seulement pour des raisonnements hypothétiques et conditionnels; plus propres à éclaircir la nature des choses qu'à montrer la véritable origine, etc. [2] »).

Si l'on veut alors sauver l'argument de Sahlins (la nécessité de distinguer le Don du Contrat), c'est-à-dire annuler la contradiction (la sociabilité instaurée sans le Contrat; la volonté souveraine dégagée des contraintes du droit), il faut admettre au préalable l'irréductibilité thétique de cette faculté en même temps que les limitations qui la resserrent, et les formes qu'elle peut ainsi prendre. Admettre, en d'autres termes, l'impératif du Contrat avant même de supposer, comme nous allons le faire, la possible contiguïté du Contrat et du Don dans le même espace social.

Pour le Contrat d'abord. Il faut affirmer que l'aliénation et la nouvelle liberté, liberté collective acquise par le Contrat, sont *simultanées* sinon le Contrat ne pourrait être « l'événement qui instaure ». Il suffit de *lire,* sans l'interpréter, le texte de Rousseau pour s'en apercevoir (« A l'instant, au lieu de la personne particulière de chaque contractant, cet acte d'as-

1. *Critique de la raison pratique; Dialectique,* Paris, Vrin, 1965 (trad. fr. par Gibelin).

2. *Discours sur l'origine et les fondements de l'Inégalité parmi les hommes, op. cit.,* p. 111-237.

sociation produit un corps moral et collectif, etc. »[1]). C'est dans un même procès que la liberté générale et l'aliénation du sujet prennent naissance. La volonté transcende le droit puisque c'est elle qui le crée, mais l'obligation *voulue* n'annule pas la volonté (le libre arbitre), elle la corrige (l'aliène) sans la corrompre ni la détruire. La double résultante du Contrat comporte la simultanéité des effets qu'il introduit.

On peut maintenant passer au Don. La liberté préservée par le Don est moins évidente qu'on ne le pense. L'acte de donner, pris ici dans le sens d'un acte d'ouverture, et quelle que soit la modalité empirique par laquelle il s'accomplit, dissimule toujours (et mal) un intérêt qui ne se limite pas à la gratification matérielle qui peut s'ensuivre. L'acte de donner, tout d'abord, et dans le sens le plus strictement canonique (maussien) attribué au Don, *entache réellement* la liberté du receveur. Son bénéfice, pour paraphraser la formule antique, est *gift-gift,* un poison, car le don contraint le receveur à donner à son tour, à « rendre ». L'acte de retour est une tentative (vaine) pour reconquérir la liberté perdue : s'il libère de l'obligation contractée, il emprisonne maintenant celui qui reçoit à son tour. La dualité du Don dévoile l' « esprit agonistique » de la procédure. L'obligation est l'impératif du Don, ou alors la loi de la réciprocité n'est plus une loi. Déjà le jeune Marx avait noté l'inextricable rapport qui se noue entre l'aliénation et l'échange. Car le Don introduit l'aliénation aussi bien que le Contrat; seule la forme particulière que prend à chaque fois l'aliénation distingue encore les deux effectuations. Est-il alors encore légitime de parler de la liberté assurée dans et par le Don, de croire qu'en deçà ou au-delà du Contrat la rencontre nécessaire à toute transaction puisse prémunir les contractants contre toute aliénation? Il nous semble plutôt que c'est l'inverse qui est vrai et que l'étude du Don gagnerait à ce qu'on le

1. *Du contrat social,* « Du pacte social », *op. cit.,* IV.

considère comme une pratique singulière de l'aliénation.

A la différence du Contrat, le Don introduit *une forme récursive d'aliénation en même temps que le moyen éphémère de la conjurer.* Il fait de la liberté un leurre impossible à atteindre et de l'aliénation un but unilatéral à réaliser. Il instaure un droit restreint donc une obligation, laquelle produit aussitôt la hantise de s'en délivrer. Dans le Don, l'aliénation change incessamment de sujet, boomerang qui revient frapper celui qui s'en est dégagé. Quant à la liberté, elle est bien provisoire, étant soumise à la haute surveillance de la volonté intéressée qui vise à l'asservir. Comment dans ces conditions le Don *et* le Contrat pourraient-ils exister en même temps et dans un même contexte? La distinction, qui revient entièrement à Sahlins (ce que nous y ajoutons ne fait qu'explorer l'intuition profonde qu'il a eue), si elle est admise, suscite cette question et corollairement la question suivante : quelle est l'institution archaïque qui supporte l'innovation du Contrat? Car si Sahlins distingue les deux pratiques, il n'admet pas clairement leur coexistence, ni non plus l'existence d'un corps-social-du-Contrat en dehors duquel s'accompliraient les transactions du Don; il les oppose comme phénoménalités et comme alternatives incompatibles.

Relisons Rousseau [1]. Le Pacte social est décrit comme la première convention nécessaire pour « créer une somme de forces sans léser la liberté de chacun »; pour « trouver une forme d'association qui défende et protège de toute la force commune la personne et les biens de chaque associé, et par laquelle chacun s'unissant à son tour n'obéisse pourtant qu'à lui-même et reste aussi libre qu'auparavant ». Les clauses du Contrat « sont déterminées par la nature de l'acte; [...] la moindre modification les rendroit vaines et de nul effet; en sorte que, bien qu'elles n'aient peut-être jamais été formellement énoncées, elles sont partout les mêmes, partout tacitement admises et reconnues [...]. Cet acte d'association

1. *Du contrat social, op. cit.,* I, 4.

produit un corps moral et collectif; [...] le devoir et l'intérêt obligent [...] les deux parties contractantes à s'entre-aider mutuellement ».

Ce passage permet de situer exactement la mise au point par laquelle nous nous proposons de compléter l'argument de Sahlins. Car les mots de Rousseau s'appliquent parfaitement à la réalité empirique du corps social primitif mais peut-être dans un sens que le grand précurseur ne pouvait pas prévoir, et que l'ethnologie nous permet de préciser.

Ce « corps social », ce « souverain », qu'est-il en effet sinon la communauté parentale primitive fondée sur une parole légiférante de laquelle dépendent sa représentation et son rayonnement, et qui invente « une force commune » qui transcende la stricte dépendance familiale? La « parenta-tion » est la socialisation archaïque, une façon de conjurer l'entropie de l'« en-soi » par recours à la langue qui métaphorise un fait biologique (la famille) en un fait culturel (la parenté), la projection au-delà de l'enclos familial, où les liens sont parentaux parce que biologiques, de relations qui sont parentales parce que « métaphoriquement » biologiques. Statuts, obligations, droits et contraintes sont réels et étendus car ils sont, comme on dit en anthropologie, « classificatoires », c'est-à-dire utilisés pour parachever un espace de sociabilité autre que celui que délimitent les stricts liens de consanguinité (et parfois aussi d'alliance). Il faut donc affirmer que le champ d'application du Contrat est la parentèle : Corps Social et Individu où les individus sont chacun des identités reconnues comme telles dans la mesure où agit une convention conceptuelle qui institue un nombre relativement restreint de statuts pour un nombre remarquablement étendu de rapports. L'homme de la parenté est l'individu du Contrat, de même que la généalogie étend et déforme son conventionnel attribut strictement biologique en affirmant non seulement l'application du droit et des contraintes « entre descendants » mais l'illusion d'une continuité idéalement inaltérable dans le temps spécifique de ces conventions. Où se situe ici l'aliénation? Elle découle de l'attribution à tous les membres de l'Individu parental d'une égalité de droits par le recours à l'idée-convention d'une origine commune, archétype biologique, la « famille ancestrale ».

Ainsi, considérer la réciprocité du Don comme disjointe de celle du Contrat implique que le Don soit envisagé comme un *ajout* au Contrat qui instaure la parenté. Le Don vient après le Contrat, qu'il ne peut ni reproduire, ni conjurer, ni contester. On peut alors aisément admettre l'état conflictuel comme mode archaïque d'après le Contrat et voir dans l'aliénation récursive instaurée dans l'échange une modalité supplémentaire qui vise à satisfaire d'autres intérêts, *d'autres besoins.* Pourquoi le Don s'ajoute-il aux possibilités offertes par le Contrat? On peut être sûr qu'à poser dans ces termes la problématique de l'archaïque, on se donnerait le moyen de répondre à la question qui se posait au début de ces pages : où commence l'aliénation archaïque?

V

SUR LE RAPPORT MÂLE/FEMELLE

1

Généralement, pour peu que l'on sache tirer parti des variétés culturelles mélanésiennes, on s'aperçoit que leur symbolisme investit les pôles sexuels d'attributs particuliers afin de mieux les opposer. Chacun, chargé de la force spécifique, active et réactive tout à la fois, qui détermine sa fonction, se trouve fixé dans une irrémédiable identité. De sorte que leur union, pour indispensable qu'elle soit, est consommée au cœur même de l'irrémédiable. « Mal nécessaire », la fertilité est vécue et pensée dans l'anxiété qu'une opération difficile, cruciale, et inévitable, suscite dans l'esprit de l'agent comme dans l'être investi par lui.

Il est d'ailleurs remarquable que l'anxiété qui entoure les préparatifs de la vie soit absente lorsque la même pensée se tourne vers cet autre édifice, dont l'importance n'est plus à souligner, qu'est le culte des morts. Tout en élevant le mort sur le piédestal le plus haut de leur système de croyances, ces cultures, hantées par les Grands Absents, semblent assumer la mort par une réflexion rigoureuse où la hantise conceptuelle, spéculative et ontologique dissout l'angoisse que seul le sexe attise et que jamais il ne conjure. Les Mélanésiens que j'ai connus, les Fataleka de Malaita [1] (Mélanésie orientale), disaient que la mort est toujours longue, *maeatakwa*,

1. Cf. *La Route des morts*, *op. cit.* Pour les thèmes ici évoqués, voir notamment « Rituel », p. 217-224, 285-295, « Figures », p. 354-357, 360-365.

« l'ancêtre la prépare », tandis que le coït est tout bonnement *kwaitodai,* une « rencontre ». D'un côté, une longue préparation, une longue initiation, dont la clôture échappe aux hommes puisqu'elle appartient à une volonté occulte, toute-puissante, et *compétente;* de l'autre, l'inévitable conjonction que les puissantes lois de la sexualité suscitent parmi les humains et que ceux-ci accomplissent de leur propre gré : la mort et le sexe se voient connotés en Mélanésie d'attributs dont le symbolisme ne serait pas désavoué, du moins superficiellement, par l'énergétique freudienne.

Rencontre donc, et fugitive; hantée par la peur [1]. Acte crucial, décisif, chargé d'ambiguïté et de menaces, sur lequel se greffe, une fois encore recours secourable, le discours impérieux de l'imaginaire. Le couple vit cet instant et s'apprête à le purifier, c'est-à-dire à le ritualiser et à le conceptualiser. La femme retrouve sa réclusion – l'espace circonscrit de l'impureté; l'homme entreprend le chemin qui doit rapidement le conduire vers les lieux – forêt, maison masculine, site funéraire – où seuls ses accoutrements de mâle pourront le confirmer dans son identité. Si dans le discours quotidien la sexualité n'a pas de nom puisque sur elle pèsent des interdits dont la transgression se paie très cher, elle acquiert ailleurs une fonction référentielle toute-puissante : elle oriente toute la problématique de la vie sociale scandée par les rencontres et les confrontations. L'union des sexes est la figure archétypale de tous les actes où d'autres contraires se trouvent conjugués. L'aventure du sexe, dans ses hantises

1. Dans la mosaïque mélanésienne, si monotone pourtant quant à la symbolique de la sexualité, l'Eden malinowskien fait bande à part : aux Trobriand la sexualité est facile, libre, heureuse. Bien que le thème de la sorcellerie volante (*les mulukwausi*) à connotation féminine très marquée fasse entrevoir, par une voie détournée, une hantise et des thèmes obsessionnels que Malinowski s'empresse d'ignorer, il y a de quoi se demander, avec Roy Fortune, dans quelle mesure la sexualité trobriandaise ne serait pas une figure forgée par l'antipuritanisme de l'ethnographie post-victorienne.

comme dans sa réussite, traduit en quelque sorte allégoriquement l'aventure de toute confrontation [1].

Dans la rencontre à laquelle se prêtent, comme malgré eux, les sexes, une idée précise – et obsessionnelle – semble toujours à l'œuvre : à savoir que la rencontre, constitutive de l'opération tout entière, se traduit en une certaine productivité, en l'occurrence une *productivité naturelle*. Ce résultat, qui n'est autre qu'un *gain*, semble jaillir là où la rencontre a lieu entre deux interlocuteurs qu'un écart incommensurable sépare. Dans la confrontation entre le chasseur de casoar et la forêt, entre l'horticulteur et la forêt qu'il défriche, entre l'homme et la femme, la communication instaurée affirme toujours une inconciliabilité, une différence extrême. Cet écart décide de l'importance du résultat. La confrontation sera d'autant plus féconde que la différence sera plus grande. En cela, l'exploit du *kula uvulaku* trobriandais, tout aussi bien que la rencontre sexuelle, tient du miracle (pour ceux qui l'accomplissent dans la crainte et poussés par l'orgueil) et du paradigme parfait (pour nous, observateurs) : les deux sont exceptionnels et, de ce fait, hautement fertiles [2].

Mais cette union, aussi temporaire soit-elle (et notamment dans l'union sexuelle), comporte un risque : celui de voir les contraires fusionner et perdre ainsi leur identité. Son bénéfice, la fertilité, figurerait alors la négation des agents qui ont

1. C'est aux auteurs qui, dans leurs analyses, n'ont pas hésité à déchiffrer ces motifs contrastés ailleurs que dans la sphère sociale, et notamment dans les formes plastiques, que je dois cette intuition. Je pense notamment à Bateson, *La Cérémonie de Naven*, Paris, Éd. de Minuit, 1956.

2. Dans tous les cas l'enjeu est complexe. Schématiquement, cet enjeu n'est qu'une tentative d'appropriation (et pas toujours factuelle) à laquelle les partenaires, ou l'un d'eux, se livrent. Il faut donc s'attendre à ce que l'entreprise soit entourée d'une crainte généralisée : la crainte que l'appropriation ne devienne, si elle est trop unilatérale, trop profitable, nuisible au bénéficiaire.

Cf. « Kula, ovvero della truffa », *op. cit.*, où j'aborde le thème de la séduction explicitée dans les pratiques rituelles qui entourent les rencontres du *kula* trobriandais. Aux Trobriand, « magie » et « beauté » se disent avec un seul mot : *megwa*. L'équivalence est éloquente.

concouru à le produire. Sur ce contraste et sur le danger de le voir disparaître, la pensée mélanésienne ébauche *sa* solution et construit sa symbolique. Elle commence d'abord par réitérer l'inaltérabilité des contraires : $A \neq B$; c'est le premier palier ontologique.

Ensuite elle s'attache à isoler, par un démarquage supplémentaire, l'un des deux éléments – démarquage obtenu en même temps que la fécondité de l'événement se cristallise en un produit. L'union, en fait, engendre *en même temps* deux choses : le fruit réel de l'union ($A + B = x$) et la hiérarchie des éléments ($A > B$) dont il importe peu qu'elle soit éphémère et qu'on doive de ce fait la réaffirmer. L'homme se sépare et s'élève dans et par cette conjonction obligatoire qui l'a uni à sa partenaire. Contraint de prélever la fécondité *dans* la femme, réceptacle fertile et pollué tout à la fois, l'homme se sépare d'elle en se proclamant non seulement différent, mais supérieurement différent. Cette double affirmation qui, me semble-t-il, est au cœur de toute la réflexion mélanésienne, explique par ailleurs la complémentarité étroite entre les rites de fertilité et les rites de purification en Mélanésie (notamment en Nouvelle-Guinée) [1]. Schématiquement, on peut dire que le rituel de fertilité, apanage des hommes, affirme une différence, et la fonction d'une différence : l'écart est un opérateur productif. Le rituel de purification, consécutif à l'union, s'acharne à réinstaurer la différence

1. Je pense en particulier aux groupes Melpa-Mbowamb étudiés par Vicedom et Tischner (*Die Mbowamb*, Hambourg, 1943-1948) qu'Andrew et Marylin Strather ont repris dans « Marsupial and Magic : A Study of Spell Symbolism among the Mbowamb », in *Dialectic in Practical Religion* (Cambridge Papers in Social Anthropology, 5), Cambridge, 1968, p. 179-202; et aux groupes Marind-Anim étudiés par P. Wirz (*Die Marind-Anim von Holländisch-Süd-Neu-Guinea*, Hambourg, 1922-1925) et, plus tard, par J. Van Baal (*Dema*, La Haye, 1966). Ajouter maintenant les travaux d'A. Babadzan, *Le voir pour le croire*, mémoire de maîtrise d'ethnologie, Nanterre, 1977, et de Brigitte Derlon, *Impureté, Fertilité, Transcendance. Les Cultes de l'esprit femelle et de l'esprit mâle chez les Mbowamb du Mount-Hagen (Nouvelle-Guinée)*,, mémoire de maîtrise d'ethnologie, université de Paris-X, Nanterre, 1981.

ébranlée, affichant par là une supériorité que l'entité masculine croit avoir conquise dans l'acte qu'elle vient de consommer.

La mise en présence de deux entités distinctes – la rencontre sexuelle ainsi vécue est un raccourci d'autres figures – articule deux entreprises, l'une inévitable, l'autre conditionnelle. La première se présente comme une *visée* : elle s'efforce d'atteindre un but qui, placé dans l'imaginaire, échappe perpétuellement et demande, de ce fait, à être réitérée. Elle est inatteignable et donc chroniquement invoquée. L'autre entreprise, se traduisant dans le discours de la fertilité, est en revanche condamnée à donner en quelque sorte la preuve de sa rentabilité. Résultat concret, le « fruit de l'union » se reproduit dans la répétition. Envisager ainsi le coït, en tant qu'acte et représentation de l'acte, implique, me semble-t-il, qu'on examine *sur son exemple* les autres formes de la confrontation mélanésienne.

2

Et si les hommes s'exerçaient, en recourant à un mimétisme symbolique aussi inattendu qu'efficace, à parler le langage qu'eux-mêmes imputent aux femmes? Si les hommes, au lieu de s'écarter du monde féminin, de reléguer celui-ci dans sa particularité négative que le cycle menstruel ne fait que réitérer, empruntaient aux femmes, par un truchement rituel adéquat, ce même cycle? Il s'ensuivrait que la représentation de la différence, ne pouvant plus se situer sur cette frontière où l'entité féminine sert à l'entité masculine à se différencier davantage, serait à rechercher ailleurs : à l'intérieur d'un cadre dont la périodicité naturelle des femmes constitue la constante.

Que la femme soit désignée dans le discours du mâle comme le réceptacle de l'impureté ne suffit pas. Il faut des preuves pour que ce plaidoyer abstrait puisse être bien mené. Les preuves, bien entendu, existent. Elles sont tangibles, et efficacement différentielles : le sang et sa périodique évacuation; produit vital, véhicule ambigu de la vie et du danger; essence nourricière, flux d'impureté. Le sang et son cycle – non pas agent puissant que l'enveloppe corporelle cache et que seule la blessure externe révèle en le faisant jaillir, provoquant l'écoulement qui annonce le détraquement du corps, mais liquide qui, spontanément, quitte le corps qui l'abrite, comme mû par une vitalité excessive, expulsant l'excès sous la forme de déchet. Sang mort. Ce sang, que les hommes désignent aux femmes et à eux-mêmes comme le signe irréfutable que l'écart entre eux ne peut être comblé, trace un parcours qui de physiologique devient temporel et place le corps féminin là où l'existence de l'homme rejoint le rythme de l'univers.

Mais alors, ce qui était auparavant une entité oppressante et statique – corps négatif immobile, masse inquiétante parce que inerte – devient une entité appréhendée dans son fonctionnement. De réceptacle, la femme se transforme en machine. Son opacité, les écrans par lesquels on la hissait sur ce sommet abstrait, la *négativité pure*, tombent : l'être féminin acquiert une transparence inattendue, révélant une complexité d'autant plus grande que les regards de l'homme se trouvent de plus en plus rivés sur elle. La machine n'est plus elle-même négativité irréductible et obscure : elle sécrète la négativité, la fabrique cycliquement, l'avale et l'expulse. De sorte que la mise en place des dispositifs par lesquels la différence était affichée auparavant se trouve, dans cette nouvelle optique, radicalement modifiée. Ils ne peuvent plus servir à établir et souligner un écart, ni à esquisser un ordre, une différence hiérarchique; car, pour cela, il faudrait que l'attribut féminin s'oppose, comme une masse, au pôle masculin. C'est d'un processus, étonnant (et inquiétant) dans sa régularité même, qu'il s'agit. Son fonctionnement rend ardue sa saisie globale; pour l'appréhender, il faut rendre intelligible les articulations et esquisser une représentation dynamique à travers laquelle ingestion, assimilation, expulsion trouvent leur place, leur sens. Les déchets de la machine de la négativité ne sont plus de simples signes extérieurs dont l'opacité (le non-sens du jaillissement) prouverait la négativité de la machine elle-même : ils sont des produits, résultats accordés à l'économie interne qui régit, du dedans, la machine.

Comment, alors, se différencier encore? A ces questions abstraites, une culture mélanésienne, celle des Wogeo des îles Schouten, nous livre par l'intermédiaire de leur ethnographe une réponse à première vue surprenante : le mimétisme rituel de cette machine même et de son fonctionnement. Les hommes seront menstrués; ils connaîtront un écoulement cyclique de leur sang; ils produiront, eux aussi, du sang impur et appelleront leur saignement du même nom que les menstrues : *bara* [1].

3

Dans une de ces îles situées dans la mer où se jette le Sepik, une population d'environ mille personnes – subdivisée en cinq « districts » segmentés de l'intérieur, et couplés ou opposés de l'extérieur selon une structure dualiste aussi bien conceptualisée que réalisée (moitié de l'Aigle, moitié de la Roussette) – oppose les sexes de manière certes typiquement mélanésienne, mais résout l'opposition de manière particulière. De

1. I. Hogbin, *The Island of Menstruating Men. Religion in Wogeo, New Guinea,* Londres, Chandler, 1970.

l'excellent livre de Hogbin, assez classique dans l'inventaire qu'il donne des traits principaux de l'organisation sociale et cérémonielle, je ne retiens ici que les informations qui permettront de compléter mes précédentes considérations sur les représentations mélanésiennes des sexes et de la sexualité.

Le système des croyances wogeo rassemble quatre catégories d'éléments : a) les héros culturels, *nanarang*; b) leurs incarnations, notamment les reptiles; c) les esprits des morts, *mariap;* d) une classe d'entités que Hogbin appelle « monstres » : les masques, *lewa,* les flûtes, *nibek* [1]. Les masques parlent à travers le rhombe, *mumumu;* les tambours, *wakara,* doublent les voix des flûtes. Les « monstres » sont au centre des rituels wogeo, et sont exhibés dans certaines cérémonies où des prestations en nourriture sont prévues, ou dans des parades avec participation massive des hommes [2]. Tous les Wogeo s'accordent pour dire que les monstres – contrairement aux héros culturels et aux morts – n'existent pas. Entités strictement masculines, connues exclusivement par les hommes, les masques et les flûtes sont, au sens propre et au sens figuré, des *simulacres* et, comme tels, investis par la croyance : tout le monde se comporte comme s'ils existaient. D'après ce qu'en dit Hogbin, les *lewa* sont exhibés lorsque l'habileté, la productivité (bref la *fertilité*) des hommes est en jeu : construction d'une maison masculine, d'une pirogue, etc. Dans ces rituels, tout commence sur la grève. Les femmes se cachent. L'officiant principal se présente sous l'accoutrement d'un individu frappé d'un tabou [3]. Au crépuscule on appelle les *lewa;* leurs noms, ainsi que ceux des ancêtres, sont prononcés. Un autre officiant apparaît : il simule une femme enceinte [4]. Puis les participants au rituel entrent dans la maison masculine, où ils sont nourris par les femmes. Les

1. *Ibid.*, p. 55-81.
2. Le terme « monstres » appartient au lexique de l'ethnographe. Quant à celui des « ethnographiés », j'aurais aimé en savoir plus.
3. I. Hogbin, *op. cit.*, p. 60.
4. *Ibid.*, p. 61.

masques font alors leur apparition. Ils forment toujours une paire. Dans la liturgie il est dit qu'ils sont enfantés par les hommes; ils sont lavés dans la rivière comme des nouveau-nés. Il s'agit donc bien de la fertilité des hommes mise en rapport avec leur productivité technique.

Les *nibek,* « les grandes choses, les choses cachées », seraient, d'après les Wogeo, les effigies d'un être à tête de serpent et dont la gueule est aussi grande qu'un homme. Les flûtes qui portent ce nom sont leurs voix. Elles sont utilisées par paires, et leur rôle est considérable dans les cultes masculins. C'est dire que les rituels organisés autour des flûtes, les rites *warabwa,* débordent le cadre restreint où a lieu l'exhibition des masques, les rites *walage*[1]. Dans les rituels *walage,* c'est la fertilité circonstancielle des hommes qu'on désigne : ils construisent réellement les deux effigies et en accouchent métaphoriquement; inversement, dans les rituels *warabwa,* ce sont les fondements de la masculinité qui sont visés.

D'après Hogbin, obnubilé par la problématique malinowskienne, ces deux rites s'opposent sur un plan strictement sociologique : les premiers se déroulent dans le « district », les autres entre les districts; le statut des participants décide de la nature et de la « fonction » du rituel. L'opposition est pertinente mais insuffisante. Décider sur ces seules bases de la nature d'un rituel revient à gommer ou à ignorer la plupart de ses traits ainsi que les finalités liturgiques qu'il affiche. A y regarder de plus près, on s'aperçoit que l'opposition concerne, tout d'abord, des rites propitiatoires et des rites d'initiation. Les uns (*walage*) développent un discours centré sur le thème de la fertilité ou productivité des hommes; les autres (*warabwa*) développent le thème de la masculinité. Le programme des premiers pourrait se résumer ainsi : comment les hommes sont-ils fertiles sans l'apport des femmes? Et l'autre programme : comment les hommes peuvent-ils devenir des hommes?

1. *Ibid.*, p. 55-81.

L'opposition à retenir n'est donc pas factuelle mais symbolique : fertilité/masculinité. Par ailleurs, et les données ethnographiques le confirment [1], le rituel *walage* suppose le rituel *warabwa :* on ne peut envisager le discours sur la fertilité masculine que si, au préalable, on est sûr de posséder la masculinité. Pour être un homme fertile, il faut d'abord être un homme.

L'usage des flûtes est la preuve que le sujet est adulte et mâle; aussi est-ce le but que tout individu mâle poursuit dès son enfance. Pendant la longue période où le sujet n'a pas encore une identité sûre, les flûtes se présentent à lui (et aux femmes) comme des entités dangereuses, menaçantes, et cachées. Elles ne sont plus les effigies, douées de voix, d'une entité surnaturelle inconnue, mais cette entité même. La croyance n'opère pas encore sur un simulacre qui, ayant été visualisé, permet d'abandonner l'ancienne croyance pour en assumer une nouvelle, « celle qui compte ». La croyance se confond avec la crédulité : si l'on s'interroge sur l'existence de cette entité, c'est pour y croire davantage. A ce stade, il n'y a pas, à proprement parler, de simulacre : seulement peur et mystère.

Le mystère dévoilé signifie – mais cette signification sera connue seulement au terme d'un long cycle initiatique – que les *nibek* ne sont guère des êtres surnaturels mais des instruments auxquels le souffle des joueurs donne une voix. User des flûtes est un privilège qui suppose deux choses : la découverte que le monstre est simulacre (que les flûtes sont jouées par des hommes) et le passage graduel d'un stade initiatique à un autre. A trois ans, l'enfant aura les oreilles percées, à quatorze la langue scarifiée, à dix-neuf le sexe entaillé. Dans toutes ces épreuves, les *nibek* sont censés agir. Les oreilles transpercées le sont par « leurs morsures [2] », et on prévient les enfants qu'ils seront bientôt dévorés par eux [3]. A

1. *Ibid.*, p. 58-81.
2. *Ibid.*, p. 106. – 3. *Ibid.*, p. 107.

l'occasion de la scarification de la langue qui précède la présentation des flûtes dans la maison masculine où les jeunes subissent l'épreuve, le rituel semble délaisser significativement le *nibek,* jusqu'alors référent central, pour s'attaquer à celui qui le suppose mais qui n'est jamais apparu encore : le référent féminin, rigoureusement occulté du rituel. On scarifie la langue car cet organe a absorbé, dès l'enfance, l'impureté de la mère [1]. Certes, la langue ainsi scarifiée permettra aux initiés d'utiliser des flûtes. Comme le dit une invocation [2], le « vent pourra ainsi entrer dans leurs langues et ils pourront ainsi souffler dans les flûtes »; mais les règles du rituel imposent aux initiés d'exhiber l'organe blessé : le jeune garde la bouche ouverte et montre sa langue. Il lui est interdit de fermer la bouche et de se nourrir. L'organe-instrument n'est pas seulement tailladé mais exhibé. C'est là un point qui figure métaphoriquement, me semble-t-il, le thème de la masculinité développé jusqu'alors.

Grâce aux interdits alimentaires, la bouche n'est plus un simple orifice; à son tour, la langue, normalement cachée, et maintenant offerte à la vue de tous, devient un organe sexuel [3]. L'usage des flûtes sanctionne l'aboutissement d'un long processus : la masculinité est conquise. On l'affiche : c'est la langue; on en use : c'est le jeu secret des flûtes. On s'éloigne des femmes : le thème de l'impureté est mis en place.

Statut à conquérir, la masculinité se présente d'abord comme un rejet, rejet de la viscosité féminine que dès sa naissance l'individu mâle porte en lui, puisque la mère qui l'a engendré et nourri lui a transmis en même temps l'impureté, *rekareka* [4]. Les rites d'initiation sont autant d'étapes pour

1. *Ibid.*, p. 93-114. – 2. *Ibid.*, p. 116-117.

3. Il est par ailleurs significatif dans cette optique que la coiffure masculine traditionnelle – la première tonsure, le *wapo* (*ibid.*, p. 121-124), a lieu après ce dernier rite – laisse une sorte de touffe de cheveux au sommet de l'occiput.

4. *Ibid.*, p. 82-114.

s'en libérer. Ce crescendo initiatique opère sur deux plans : celui où le jeune mâle s'assume comme individu mixte, comme contenant ambigu de forces contradictoires, une force positive étouffée par une force négative, une force intrinsèque à l'individu, prisonnière d'une enveloppe qui lui a été d'abord indispensable (comme force nourricière), mais lui est maintenant étrangère; celui aussi où l'individu essaie laborieusement, par l'entremise de ses semblables, les mâles, de conquérir une identité – et cela, par un mouvement qui consiste à établir le plus grand écart possible entre la source de la vie et cette identité même. On pourrait définir le premier mouvement d'évacuation : il s'agit, à proprement parler, d'une opération visant à vider un trop-plein, un excès d'éléments, et caractériser le deuxième comme un acte de coupure qui constitue dans leur différence les deux agents, mâle et femelle. Or, ces deux opérations, propres à ce qu'on appelle un rite initiatique, renvoient à deux référents abstraits – abstraits et tout-puissants – qui désignent sous deux noms une même chose : l'impureté, *rekareka, bwaruka.*

4

L'argument mélanésien « classique », si l'on peut dire, exploite à fond le thème de l'impureté et l'envisage comme un état transmissible à partir d'une source, la femme, qui la possède intrinsèquement. Son rayonnement négatif désigne l'homme comme la victime de ses effets. Ce contenant trop plein d'impureté déborde périodiquement, chroniquement, parfois accidentellement, sur un contenant vide d'impureté et, de ce fait, réceptif à ces débordements. Vu ainsi, le rapport entre les deux termes est parfaitement symétrique : l'excès d'un côté est en quelque sorte attiré et canalisé par le vide de l'autre côté. Par un autre biais, cependant, ce rapport est asymétrique, comme la relation mâle/femelle dans son ensemble : si l'impureté, propagée par une source unique, tend à combler l'autre réceptacle et à le connoter négativement par ses débordements – et ainsi à le dénaturer –, le réceptacle masculin ne se définit pas exclusivement par ce manque. Le mâle n'est pas une simple case à remplir, à la merci du pôle féminin : en effet, la masculinité est généralement un attribut différentiel par lequel l'homme se démarque lui-même de la source négative féminine. L'homme est proche de la dimension du sacré; le discours du sacré lui revient : la parole des morts est son apanage; il peut même s'y identifier. A ce niveau, l'attribut masculin ne concerne que le masculin. Le sacré œuvre en champ clos : il s'exerce sur l'homme et par lui; la femme est confinée dans son premier rôle et ne peut en aucun cas être sollicitée par les effets du sacré.

Le cas wogeo, comme d'ailleurs d'autres cas mélanésiens [1], modifie radicalement ce schéma : l'impureté agit sur

1. C'est surtout en direction de l'aire du Sepik en passant par les régions des Hauts-Plateaux (Central Range, Bismarck Range), c'est-à-dire dans l'aire nord-est et du littoral de la mer de Bismarck, que ces formes semblent plus répandues, alors que dans la direction opposée (delta du Fly River, golfe de Papua) les représentations des sexes entrent dans ce que j'appelle ici l'« argument classique mélanésien » relatif à l'impureté et aux relations entres les sexes. Plusieurs *surveys* m'ont aidé à suggérer ce clivage ainsi que les arguments contenus dans mon texte. Je ne ferai ici que mentionner ceux que j'ai consultés : M.R. Allen, *Male Cults and Secret Initiations in Melanesia*, Melbourne, 1967; *The Central Highlands*, J.B. Waston (ed.), *American Anthropologist*, 66, 2, 1964; *Man and Women in the New Guinea Highlands*, P. Brown & G. Buchbinder (eds.), Washington, 1976; S.B. Ortner & H. Whitehead, *Sexual Meanings*, New York, 1981; G.H. Herdt (ed.), *Rituals of Manhood. Male Initiation in Papua New Guinea*, Berkeley, 1982. Aux titres déjà mentionnés j'aimerais ajouter des ouvrages anciens qui ont été pour moi une source constante d'inspiration : F.E. Williams, *Papuans of the Trans-Fly*, Oxford, 1936; M. Mead, *Sex and Temperament in Three Primitive Societies*, New York, 1935; G. Bateson, *Naven, op. cit.*; P. Wirz, *Kunst und Kult des Sepik-Gebietes*, Amsterdam, 1959.

l'homme comme sur la femme car si les femmes polluent les hommes, les hommes polluent aussi les femmes. En effet, l'impureté, *rakareka,* est un état transmissible et inhérent aux deux sexes. L'homme cherche, dès son enfance, à déjouer les effets de l'impureté que la femme lui a transmise; mais cela ne signifie pas que la masculinité soit ainsi préservée des dangers de toute impureté. L'ascèse initiatique est une succession d'actes purifiants qui, tous, portent sur ce facteur de contagion par excellence qu'est, en Mélanésie, le sang. Curieusement, d'ailleurs, l'acte de purification – l'expulsion du flux sanguin – est conçu comme produisant un état d'impureté chez le novice. Ses lobes, sa langue, son pénis saignent; ces marques l'éloignent progressivement de l'impureté originelle sans pour autant le préserver définitivement – non pas parce qu'il aura, comme adulte, des rapports sexuels avec la femme, *mais parce que l'état masculin est lui aussi producteur d'impureté.* Contenant spécifique, distinct de celui qui l'a jadis engendré, le mâle à l'instar de la femme est une machine qui fonctionne sur un rythme analogue : jamais immobile, elle semble par son rythme même accumuler une force redoutable qui lui est propre. Dans cette optique, l'impureté n'est plus transmise par contact mais produite par un processus interne à l'être humain, qu'il soit homme ou femme; les documents wogeo sont éloquents là-dessus : *rekareka* est un état sexuellement indifférencié.

Mais le terme *bwaruka,* que Hogbin se limite à considérer comme étant « une extension métaphorique [?] de la notion d'impureté [1] », indique une distorsion significative par rapport à la conception mélanésienne « classique ». Est *bwaruka* celui qui accumule l'impureté : à l'accouchement une femme est *bwaruka* car elle a accumulé pendant la grossesse l'impureté que l'homme lui a transmise lors du coït; un guérisseur l'est aussi, lui qui s'occupe de l'impureté des autres; l'officiant du rituel d'initiation de même, lui qui

1. *Op. cit.*, p. 93.

préside aux opérations concernant de jeunes individus encore marqués par l'impureté transmise par leurs mères [1]. A la perception substantialiste de l'impureté que les cultures mélanésiennes nous offrent couramment, s'oppose ici une perception « mécaniste » avec, en conséquence, des modifications considérables des pratiques rituelles qui l'entourent. D'abord, si l'impureté est une accumulation excessive et de force physiologique négative, la séparation des sexes ne mène à rien. Il faut pouvoir expulser cet excès, le réduire en scorie qu'on puisse neutraliser. Le thème de l'évacuation, déjà apparu lorsque le rite de passage amorçait la séparation entre l'adolescent et sa mère, est ici repris mais selon une finalité différente. Il ne s'agit plus d'expulser ce qui a été introduit du dehors, mais d'expulser un surplus néfaste que le dedans a produit. Le modèle féminin, par sa structure physiologique, offre dans son fonctionnement l'issue désirée : c'est l'évacuation cyclique des menstrues. L'homme adulte, lorsqu'il sentira le besoin d'équilibrer son fonctionnement interne, quittera ses compagnons, se dirigera vers la mer, y entrera, provoquera lui-même l'érection de son membre et pratiquera au gland deux entailles, libérant ainsi son organisme de cet excès qui le trouble et l'affaiblit. Le sang jaillira des blessures, colorant les eaux [2]. Menstrues naturelles et menstrues artificielles portent le même nom : *sara* ou *bora* [3].

1. *Ibid.*, p. 91-93.
2. *Ibid.*, p. 88-89.
3. *Ibid.*, p. 125-140. La question de la périodicité qui est ici centrale, car elle recouvre d'autres questions tout aussi essentielles qui portent sur l'ensemble des représentations relatives à la sexualité comme acte et comme *Gestalt,* mériterait un approfondissement. Mais elle conduirait à traiter de la sexualité par un biais en définitive assez éloigné de celui que je développe dans ces pages. Par ailleurs, j'ai déjà eu l'occasion d'aborder ce point à propos de l'idée de *cycle* sous-jacente à une pratique rituelle mélanésienne, le culte des morts, dans une société malaitaise aux Salomon (cf. « La route des morts. Introduction à la vie cérémonielle fataleka »,

5

Les thèses wogeo ici succinctement explorées sur la relation entre les sexes et, par extension, sur la sexualité en tant qu'expression globale de cette relation, me semblent affirmer trois types distincts de rapports, trois types distincts de couples :

1. Le rapport entre un contenant plein et un contenant vide;

2. le rapport entre deux systèmes autonomes et autorégulateurs;

3. le rapport entre deux instances abstraites et inconciliables.

Ces trois rapports sont concomitants et placés dans un

Journal de la Société des océanistes, 1972, XXVIII, 37, p. 323-335, et *La Route des morts, op. cit.*, « Rituel », p. 157-165, 168-177). Je me limiterai ici à indiquer sommairement les points qui me paraissent spécifiques à cette problématique.

D'abord, bien que sur un autre plan, c'est par la périodicité que la différence des pôles sexuels se donne comme évidence significative : l'écoulement des menstrues est l'indice de la femme en tant que sujet cyclique. L'homme ne peut que le constater, ou, comme les Wogeo, chercher à en tirer parti. Cette répétitivité, attribut féminin *in se,* indique une constance naturelle en même temps qu'une possibilité tout aussi naturelle d'interrompre cette régularité : cyclique par les menstrues, la femme est potentiellement régulière aussi pour les naissances. La périodicité est au départ la condition de la fertilité; mais celle-ci condamne la régularité qui l'a permise. La périodicité dit donc beaucoup plus que ce que j'ai voulu lui faire dire dans cet article : c'est la femme qui engendre; c'est elle qui expulse régulièrement le sang impur. Pour cela, la fertilité est nécessairement féminine, que la contribution du mâle dans la conception soit explicitement admise ou non.

Il est donc inévitable que la menstruation masculine des Wogeo ne puisse guère prétendre à l'uniformité (à la perfection) du cycle féminin. L'acte imitatif du rituel masculin wogeo peut, à la rigueur, reproduire la forme du processus, sans doute par sa fréquence – les documents de Hogbin ne disent rien sur ce sujet –, mais il y a peu de doute qu'il ait des effets considérables sur le thème de l'autonomie du pôle masculin que le rituel prétend atteindre.

ordre qui est progressif et, dans une certaine mesure au moins, causal : (3) suppose (2), et (2) suppose (1).

Le rapport (1) concerne deux entités, mâle et femelle, séparées en termes de génération, c'est-à-dire distinctes temporellement, et engagées dans une relation foncièrement unilatérale : il s'agit du rapport mère/fils.

La relation (2) met en présence ces mêmes entités, sexuellement différenciées, mais postule leur autonomie : il s'agit d'un rapport entre deux entités conçues comme morphologiquement équivalentes; un système autorégulateur, disposant d'un rythme de fonctionnement interne et *naturel*, sert de modèle à un système qui se donne comme analogue au premier. Le deuxième système est dérivé du premier et, de ce fait, son fonctionnement interne, sa rationalité, est *imitatif*. Il s'agit du rapport homme/femme vu à travers le thème de l'impureté.

Le rapport (3) semble vouloir renverser la relation (1), sinon la nier, et modifier, sinon assouplir, la relation (2). En effet, si dans le rapport (1) la femme était l'agent et l'homme l'entité investie par lui, son « patient », ce qui entraînait sa dépendance, dans le rapport (3) cet ordre est inversé. Dans cette inversion, par ailleurs, s'esquisse le thème de la hiérarchisation des entités, hiérarchisation qui n'apparaissait pas auparavant, nonobstant le registre qui marquait le premier rapport : celui de la dépendance unilatérale du mâle par rapport à sa génitrice. Car l'homme proclame dans le rapport (3) sa supériorité et use de cette position de force : c'est lui qui assume la dimension du sacré [1]; le culte lui revient entièrement; la femme le subit, et sans y participer.

Il est remarquable que cette hiérarchisation découle d'un bouleversement du registre définissant le rapport mâle/femelle. La thématique sous-jacente aux précédents rapports,

1. Pour des raisons que j'ai exposées quelques années après la rédaction de cet article (1973) dans mon ouvrage consacré à une thanathologie

l'impureté, par laquelle les deux entités dialoguaient pour s'attirer ou pour se repousser, se trouve en effet exclue. Il y a passage à un nouveau registre et mise en place du binôme qui rompt la communication sacré/non-sacré. Par ce biais, l'homme non seulement brise sa relation à la femme, qui entraînait inévitablement une possibilité de dépendance, dans un sens comme dans l'autre, mais se définit lui-même par rapport à un référent tiers qui se trouve placé au-delà de la relation sexuelle et, idéologiquement, au-dessus d'elle. Si la sexualité est l'instance indispensable à la dimension du sacré, le discours du sacré, lui, nie expressément ce préalable en affichant une univocité qui reste d'ailleurs son gage le plus secret et le plus profond. Dans les rapports précédents, les contrastes surgissaient à partir d'une conjonction inévitable; le binôme sacré/non-sacré s'affirme (tout son programme ne consiste-t-il pas à réitérer cette affirmation primaire?) à partir d'une séparation, illusoire certes, mais définitive.

De ce fait, l'autonomie des « systèmes » postulée dans le rapport (2) se trouve remise en question. Elle est remise en question parce que le recours, réalisé rituellement, à l'acte imitatif, sur lequel s'articulait ce rapport et qui le *rendait symboliquement plausible,* n'est plus indispensable. Nul dessein imitatif ne pourrait admettre la femme dans l'enceinte du sacré. Je crois, par ailleurs, que se trouve là dévoilé un aspect essentiel du thème du sacré mélanésien : celui qui révèle son intransigeance féroce, son orthodoxie, à savoir le rejet de toute procédure imitative et, par-delà, l'hostilité au prosélytisme de la plupart des religions archaïques.

Dans le rapport (2) l'homme poursuivait un but précis : son autonomie énergétique. Il l'atteignait par imitation, celle-ci procédant d'une hypothèse que le rituel rendait symbolique-

---

mélanésienne *(La Route des morts, op. cit.),* le terme « sacré » est impropre à désigner la sphère ésotérique revendiquée en Mélanésie par le mâle. Je propose de le remplacer par « instance transcendante » qui correspond à la notion clé pour toute l'Océanie de l'Interdit. (Cf. *La Route des morts, op. cit.,* « Figures », p. 346-367.)

ment probante : l'état d'impureté est intrinsèque à l'humain, homme ou femme. La reconnaissance ainsi que l'acquisition d'une autonomie dans le fonctionnement étaient modulées selon une représentation énergétique de l'impureté figurée sous forme d'un excès neutralisable, naturellement ou artificiellement, et devenant *scorie.* Or cette représentation aboutit, logiquement, à deux résultats : l'un négatif, réactif; l'autre positif, progressif. En effet, elle corrige sensiblement le thème de l'impureté conçue comme un contenu actif d'un contenant agissant en sens unique. D'autre part, le schéma énergétique implique que le thème de l'impureté soit réemployé afin de parfaire, au profit de l'homme, une image dynamique de la masculinité. Rituellement et logiquement, cette correction et ce réemploi sont étroitement imbriqués. D'ailleurs, c'est ce même dynamisme postulé qui assure à l'attribut masculin son autonomie, laquelle devient la condition *sine qua non* pour instaurer le troisième rapport, où l'impureté disparaît.

On peut maintenant examiner ces trois rapports, dans le cadre d'une configuration d'ensemble où ils apparaissent comme trois stades d'un seul processus :

A. Premier stade

Il est illustré par la relation nourricière vécue comme relation de dépendance et comme processus de contamination. Ce processus est double et entraîne deux types différents de contamination : celle de la mère, effet du contact avec l'homme qui l'a fécondée, est une contamination temporaire et naturellement neutralisable, car l'isolement après l'accouchement et les nouvelles menstrues libèrent la femme de sa condition *bwaruka* (impureté accumulée). La contamination dont l'enfant est victime est d'une autre nature et à ce stade fait seule l'objet d'opérations symboliques. C'est que pour le jeune l'issue reste à conquérir car c'est d'elle que dépend, en définitive, son statut de mâle. Les premières opérations d'un programme dont le but essentiel est l'acquisition d'une identité sont donc mises en place. En revanche, l'impureté de la femme ne fait pas problème. L'absence de statut (pour le jeune mâle) favorise, par ailleurs, l'emprise de la mère : elle transmet, il reçoit. Le rapport est unilatéral parce que nourricier, et aussi parce que foncièrement inégal : le receveur n'a guère d'identité et donc peu de défense contre le flux qui l'envahit. Absence d'identité signifie ici état mixte, état ambigu, où seul l'attribut négatif de la femme est agissant : l'attribut masculin restant potentiel (et conditionnel). Le jeune mâle réagit à cet état par deux opérations : l'*évacuation* de la force féminine et la *séparation* d'avec celle-ci. Par l'évacuation, le jeune mâle se libère du contenu féminin qui l'emprisonne : c'est l'expulsion de l'élément qui le nie – l'action purificatrice à proprement parler, qui agit sur le sang; par la séparation, le jeune mâle établit un écart entre lui et la mère, et c'est encore le sang qui l'atteste.

B. Deuxième stade

Il ne s'agit plus à proprement parler d'une relation mais, plutôt, d'une situation fondée sur un rapport entre deux entités fonctionnellement autonomes. Dans le cas de l'entité féminine, cette autonomie est réelle, alors que pour l'entité masculine elle est purement symbolique : elle est visée – à partir du modèle féminin – et affichée de manière uniquement rituelle. Ces pratiques postulent, globalement, une représentation énergétique des pôles sexuels. Si, au stade précédent, l'impureté était extrinsèque à l'entité qui la subissait, elle apparaît ici comme intrinsèque en raison même de l'autosuffisance des pôles sexuels; chacun est à la source de sa propre production interne : en l'occurrence, l'accumulation négative de cette même production. Trois conditions définissent ce stade : l'autonomie fonctionnelle des pôles; l'accumulation dysfonctionnelle, effet de cette autonomie, du produit qu'ils engendrent; l'évacuation fonctionnelle de cet excès. Les transformations par rapport au stade précédent se présentent ainsi : à la dépendance unilatérale se substitue une autonomie symétrique des pôles; à l'identité féminine (déjà donnée) fait face l'identité masculine; le thème de la contagion disparaît : l'impureté est engendrée par un processus spontané et sexuellement non marqué; l'évacuation de la force négative n'implique plus l'effort de séparation des deux pôles car cette séparation est déjà opérée.

C. Troisième stade

La relation entre les deux pôles les définit maintenant de manière rigoureusement exclusive. C'est la relation où se déploie le discours de la différence : les deux pôles s'opposent en fonction de deux attributs complémentaires extra-sexuels : le sacré, le non-sacré, attributs qui indiquent dans un cas une présence, dans l'autre, une absence. Le thème de l'impureté a été éliminé bien qu'il soit, comme on l'a vu, contigu et logiquement nécessaire à celui de la sacralité. Cette différence, par ailleurs, implique la négation du pôle féminin au profit du pôle masculin. Elle suppose la suppression des thèmes de l'évacuation, de la contamination et de l'autonomie des pôles sexuels et la conséquente cristallisation du référent sacré, son isolement. Il y a rejet du modèle féminin et, par conséquent, rejet du thème de l'impureté.

6

Le cas wogeo devrait permettre maintenant d'interroger ce dont il ne représente qu'une variante : l'ensemble mélanésien. J'ai indiqué les éléments qui le caractérisent et insisté sur le fait que la différence – enjeu inlassablement poursuivi – s'inscrit dans cette dialectique des contraires où les deux sexes sont les interlocuteurs.

Le modèle mélanésien semble reposer tout entier sur une seule proposition, à première vue pléonastique mais dont l'emphase indique que l'évidence n'est pas assurée : à savoir que l'union des contraires, la rencontre entre deux entités fortement différenciées, est productive. Plus particulièrement, l'ampleur de l'écart décide de l'ampleur du résultat et de l'importance de l'enjeu. Dans la rencontre sexuelle, cette productivité est conçue de deux manières : biologiquement et symboliquement. Productive pour le groupe : sa continuité est assurée; productive pour l'une des deux entités, en l'occurrence l'agent qui semble vouloir « utiliser », par un détournement significatif, les faits de l'union : l'agent mâle. Deux résultats sont donc attendus : un résultat profitable à la communauté, celui-ci tangible; un résultat profitable à une section seulement de la communauté, celui-ci assurément problématique. L'un sort de la matrice, et spontanément; l'autre s'élabore dans la croyance, et difficilement. Dans la perception globale des effets de l'union, les deux sont et indispensables et indissociables. C'est dire que l'union est efficace dans la mesure où sa productivité est double. Elle apparaît positive en ce qu'elle apporte un accroissement : accroissement quantitatif dans la communauté, accroissement dans l'écart entre les deux pôles sexuels. Le mâle suscite la fertilité de la femme dans l'acte sexuel; mais par lui il se sépare d'elle. Seule cette séparation semble en mesure de l'affirmer dans sa particularité, à la fois univoque et supérieure. La productivité de la rencontre s'accomplit en fonction de cette dernière visée : la différenciation qu'il faut assurer. En d'autres termes, le mâle accomplit sur la femme un acte de prélèvement. Car il profite de sa fertilité et il y réussit avec éclat : il s'assure son statut différentiel de mâle. Mais ce processus se déroule à l'intérieur d'un espace non seulement fertile mais dangereux : fertile parce que négatif. Marqué par l'impureté, l'espace féminin produit certes, mais contamine aussi. Le prélèvement du mâle a lieu pendant que cette négativité agit sur lui. Se proposant d'exploiter les dangers inhérents à l'union, il opère alors de deux manières : par le prélèvement, opération préliminaire indispensable, et par le rejet de la négativité. L'acte de prélèvement, acte d'ouverture, précède l'autre : c'est l'expulsion de l'impureté qui a d'abord servi et qui, maintenant, est nuisible. Cette expulsion effectuée lors des rites de purification préfigure l'opération que le mâle envisage pour conquérir son statut de mâle. La purification coïncide en effet avec le déploiement de la problématique de la différence.

Différenciation et purification, expulsion et écart, masculinité et impureté : ces éléments sont ici contigus. Dans ce modèle, l'action rituelle travaille dans un espace exigu où les écarts conceptuels et symboliques, pour extrêmes qu'ils soient, dialoguent à l'étroit. Mais cette contiguïté, qui règle par ailleurs le perpétuel jeu de bascule auquel le mâle est contraint de faire face, qui détermine la fragilité, la révocabilité de son statut, la répétition de son action, n'est-elle pas donnée dans les termes mêmes de la proposition initiale, qui rend inévitables toutes ces opérations? En effet, le discours de la différence s'élabore au sein d'un autre discours : celui de l'impureté. Peu importe qu'on s'évertue à le déjouer : ce thème place l'homme en situation de contiguïté par rapport à la femme. Sa quête s'en trouve, de ce fait, fortement marquée; l'écart que l'homme s'efforce périodiquement d'établir s'efface. La relation s'instaure dans une contradiction. L'action rituelle joue sur cette contradiction pour la neutraliser et, en définitive, pour la subir. Un seul et même dialogue se déroule : l'attrait et la répulsion, l'union et la rupture se conjuguent dans la répétition. La sexualité coiffe, en dernière instance, l'enjeu extra-sexuel de la différence.

Lourdement hypothéquée, la contradiction n'est guère résolue; on a beau vouloir paradoxalement en tirer parti, elle emprisonne l'agent mâle qui cherche à travers elle une issue.

Mû par cette contradiction majeure, le mâle s'y engouffre chaque fois qu'elle lui apparaît comme le seul moyen de sa quête. C'est que la relation où la femme agit et où l'homme s'efforce d'agir est foncièrement statique, car les pôles qui la constituent sont d'emblée figés dans leurs statuts respectifs. Le pôle féminin est négativement figé; le pôle masculin, lui, l'est à un degré moindre car l'effort chronique et répétitif de différenciation révèle en ce qui le concerne une quête inlassable d'identité. Si l'identité féminine se donne comme évidente (la crainte inspirée par sa force en est une preuve), l'identité masculine reste éternellement une visée, une conquête jamais assurée. Dans cette relation, la force active est la femme, la force réactive est l'homme. Peu importe que l'homme mélanésien s'imagine avoir renversé ce rapport de forces. La force réactive masculine ne peut se constituer qu'à partir de la force féminine primordiale grâce au prélèvement d'une composante de cette dernière (la fertilité) au détriment de l'autre (l'impureté). C'est ainsi que l'homme se donne pour fondateur de la Loi : triomphe de la réaction contre l'action.

Dans le modèle wogeo, l'immobilisme des pôles sexuels est brisé graduellement : à la dépendance à laquelle l'un d'eux se soumet au départ, succède l'autonomie qui se conclut dans la différenciation. Tout se passe comme si un ensemble d'opérations, par touches successives, excluait l'impureté, référent initial. Ainsi se trouve neutralisée l'emprise de la sexualité. Le thème de la différenciation réapparaît, mais dégagé de toute référence à l'impureté.

La différenciation n'est plus l'effet d'un prélèvement au sein du contenant féminin. La contagion, effet redouté du prélèvement, n'est plus à craindre : les effets négatifs du contact sont exclus par l'autonomie des pôles et par la maîtrise du processus engendrant l'impureté. Le modèle wogeo « à trois stades » utilise une dialectique des contraires qui, libérée de la référence à l'impureté, se donne à la fois comme efficace et dynamique. Le modèle mélanésien « classique » recourt à une dialectique agissant à partir de la stabilité des pôles et d'une dissymétrie interne à leur relation. La masculinité se présente ici comme une mise en valeur de cette dissymétrie; le statut masculin est chroniquement en danger; on ne l'atteint que pour le perdre aussitôt.

Progressif : de la naissance à l'âge adulte; évolutif : de la contagion subie à l'impureté maîtrisée; diachronique : dans la succession des générations, le modèle wogeo est dynamique, du dedans comme du dehors : à l'intérieur parce que l'impureté se voit connotée différemment selon le stade où elle figure; à l'extérieur parce que l'impureté, devenue inutile, se trouve de ce fait neutralisée et remplacée par la seule différence qui paie : celle entre le sacré et le non-sacré.

VI

BABEL

1

Il serait temps de montrer que l'intérêt pour l'humain exotique, pour tout ce qui *reste* – et qui reste, à la fois, imaginaire et périphérique –, a aussi contribué à forger ce sentiment d'être *posthumes* par lequel nous reconnaissons notre actuelle décadence. Benjamin dit de Baudelaire : « L'expression de Melanchthon *(Melancolia illia Heroica)* définit de façon parfaite le génie propre de Baudelaire. Mais la mélancolie comporte au XIXe siècle un autre caractère qu'au XVIIe. La figure clé de l'allégorie primitive est le cadavre. La figure clé de l'allégorie tardive est la " remémoration ". La " remémoration " est le schéma de la métamorphose de la marchandise en objet pour le collectionneur. Les correspondances sont, pour le contenu, les résonances infiniment variées de chaque remémoration au contact des autres [1]. »

Communautés survivantes, *Lumpen* confinés, craints, refoulés – résidus –, repoussés jusqu'aux marges du monde qui, en cette fin de siècle, s'élargissent, nous avons pour les approcher à traverser un arsenal d'allégories avec le sentiment d'être nous-mêmes hors de l'orbite, ou privés de racines, si ce n'est de racines factices, tenues ensemble par un archaïsme en pleine dégénérescence, une hallucination du passé qui peut aussi prendre la forme des fanatismes racistes.

1. « Zentralpark », in *Charles Baudelaire*, trad. fr., Paris, Payot, 1983, p. 250.

Je voudrais parler de la curiosité ambiguë – et partiellement feinte, en dépit des discours humanitaires de « protection » et de « valorisation » qui la justifient académiquement – à l'égard de toute une humanité qui s'est maintenue à l'écart de l'Occident, sur des terres en friche, devenues désolées, desquelles maintenant on se retire ou que l'on parcourt à la hâte. « Il faut fonder le progrès sur l'idée de catastrophe. Que les choses continuent à " aller ainsi ", voilà la catastrophe. [...] Le sauvetage s'accroche à la petite faille dans la catastrophe continuelle [1]. » Notre présent n'a-t-il pas pour horizon ces archaïsmes écrasés, métissés ou « revivalistes », dont nous pouvons aisément faire le tour en suivant nos propres traces? Il est significatif que, pour des raisons impérieuses et obscures, l'Occident ait été amené à vouloir « penser » l'altérité phénoménique de l'archaïque – peu importe la connotation rousseauiste ou raciste que l'on donne à ce mot – au moment où sa volonté d'intégration (« le même pour tous ») a semblé atteindre un point limite. Peu importe si la conquête n'a pas été et ne sera probablement jamais achevée; si l'œuvre d'intégration elle-même a sécrété des déviances, si l'aboutissement de la course a coûté et coûte toujours plus cher. L'entreprise était démesurée, et d'une ampleur inédite parce que l'assaut contre l'altérité mettait en jeu des moyens d'une violence inouïe. L'érosion du socle des Traditions s'est accélérée. Des restes se sont amalgamés, sédimentés en « synthèses » parcellaires, et à jamais inachevées; des dérives ont commencé, pareilles à ces îlots éphémères qui émergent et s'engloutissent; des combustions souterraines se sont manifestées en séismes. C'est à tout cela aussi qu'il faut penser lorsque l'on parle de la planétarisation de l'*eidos* occidental. Celui-ci rassemble et comprime ces morphismes divers, réputés marginaux seulement lorsqu'ils sont délaissés comme des mines épuisées, mais qui s'activent aussi au cœur même de l'Occident, en prenant des formes qui ne paraissent

1. W. Benjamin, *op. cit.*

hideuses qu'après s'être manifestées comme « signes de déraison ». L'occidentalisation du monde n'est qu'en partie l'aboutissement du projet de conquête qui est son intime pulsion nihiliste, et qui s'est traduit dans les figures politiques du colonialisme avec, pour arrière-plan métaphysique, les valeurs de la technologie et de l'organisation du travail, et la réduction de l'homme au producteur-consommateur.

Il y a plus. Dans cet horizon il y a l'archaïque, devenu problème et obstacle. La culturalisation de l'Autre emblématise, au-delà même de l'exploitation économique et des représentations qui lui sont associées : inégalité *et* progrès, rationalisation *et* liberté, la volonté de réduire « sur l'autel de la connaissance » ce qui reste d'inassimilé dans le monde.

L'inassimilable, auquel d'ailleurs on pense toujours en termes de « résiduel » que l'on souhaiterait comprendre dans le but de l'abolir pour le bien commun, ou de le préserver comme relique, ce qui revient à l'abolir en le muséographiant, se trouve déjà contenu comme *problème* dans le mot même d'« archaïque ». Le recours à des clauses de style pour dire et ne pas dire ce que désigne ce mot n'est pas seulement un voile moraliste jeté sur un problème qui n'est moral que subsidiairement, c'est un travestissement métaphysique. Il y a là le symptôme éloquent d'une difficulté inhérente à l'ontologie même de la modernité, contrainte de définir ce qui, au-dedans comme au-dehors d'elle-même, n'est pas elle, et *qui n'a plus à être.* Il est probable que l'archaïque comme problème ne disparaîtra qu'avec la suppression de ce qui, en nous-mêmes, pointe comme résidu mnésique, trace du *Geschichtliche,* dépôt de notre être historial, qui accueille tout ce qui est advenu et pourrait encore advenir, mais seulement en négatif. La préoccupation de l'archaïque n'a certes pas attendu que celui-ci réapparaisse dans la présence « barbare » des masques. L'Occident n'a pas « découvert » de nouveaux mondes : bien avant de traverser les océans, il ne faisait déjà que chercher à *rencontrer* dans ses errances ses propres fantasmes de dépassement. C'est ainsi que l'Ulysse de l'Enfer quitte les colonnes d'Hercule et accélère sa course jusqu'à la débâcle au pied de la montagne du Paradis. Ces fantasmes ont toujours porté le même nom : *meraviglie,* et ils répondaient au besoin d'aller de l'avant vers le dépassement, l'étonnement et la chute. Il a pourtant fallu que l'éclipse de la raison ait fait encore quelques progrès, que l'utopie ait été abandonnée pour le labyrinthe, la Tradition pour ces limbes qui font désormais fonction de « conscience » historique, avant que l'on commence à admettre l'urgence d'un questionnement de l'archaïque. A preuve, les hécatombes qui ont accouché de l'histoire contemporaine :

> pierre après pierre de la beauté jetée bas
> et les vérités disputées par les parasites
> *(Cantos).*

C'est l'allégorie, cette « armure de la modernité », qui est notre *Zeit;* c'est elle qui nous mène à l'abîme et nous aveugle avec les alibis de la « raison démocratique » et des figures de la restauration, où la modernité se farde d'ancien. Le fascisme montre où conduit le recours, même timide, à ces alibis. Notre présent est dans ces syncrétismes où, sous prétexte de nous trouver une « réalité » spirituelle, nous renouons avec un commencement où s'amassent des mythes mâchés par l'érudition. A ne pas le voir, on risque de ne pas comprendre pourquoi les bonds en avant de la technique ont pu recevoir leur légitimité dans la « puissance destinale d'un peuple » – peuple élu, peuple de la force; comment l'organisation de l'homme de la machine est compatible avec l'idée de prédestination, c'est-à-dire de race, et les feux des forges avec les voix amplifiées de la « conscience nationale ». Non seulement *Masse und Macht,* qui ne fait qu'indiquer la voie, mais de plus en plus *Volk und Macht.* Dès qu'un peuple défend un destin égoïste, érige sa propre altérité en privilège, la négativité réactive son cours.

En disant cela, je crois exprimer ce que ma génération

ressent, confusément, depuis presque un demi-siècle, à l'égard de ce *Geist* qui n'a été jusqu'ici regardé que dans la honte et aussitôt refoulé dans la culpabilité. Il porte le sceau de l'archaïque. D'où, peut-être, l'intérêt contemporain pour l'archaïque des « autres ». Comme si la compréhension était devenue urgente au moment même où l'archaïque se manifestait, avec son attrait et sa force, comme une menace d'embrasement. C'est que la modernité qui aspire à donner d'elle-même une image rassurante doit, pour ce faire, éclairer ce qui, radicalement, n'est pas moderne. Elle a à définir cette négativité irréductible à elle-même qui assume le statut paradoxal d'être ce qui n'est plus et néanmoins demeure. Car l'inassimilé a deux faces : il est ce qui doit être dépassé, et il est le seul recours qui reste encore pour légitimer l'avenir. Certains pourraient y voir l'éternel travail du négatif dont la contradiction est le ressort profond. En l'occurrence, pensée de totalisation progressive et pensée de rédemption millénariste devaient se rejoindre et se résoudre dans une métastase révolutionnaire du conflit. Mais ce négatif, s'il promet son triomphe, n'annonce plus un ciel étoilé. Pour reprendre une grande allégorie de Dante, nous traversons le dernier cercle où le corps gigantesque de Lucifer s'enfonce dans le centre de la terre, tandis que sa bouche avale les victimes. Mais nous avons peut-être aussi perdu le Duc capable de nous aider à nous en sortir.

2

L'intérêt pour l'exotique alimente notre présent. Il suffit pour s'en convaincre d'observer la galaxie de syncrétismes, proches ou lointains, dérisoires ou tragiques, qui s'actualisent dans le prétendu ordre du monde.

Mais j'ai dit aussi que l'apport de l'anthropologie, toutes

contributions rassemblées, naïves ou cyniques, occasionnelles ou effectuées « par ordre de la Cour » et souvent marquées d'une arrogance qui tient lieu de compréhension, contribue à la détresse présente. Le sens de cet apport, que souvent les contributeurs ignorent eux-mêmes, se lit dans l'œuvre permanente de ratissage des résidus inassimilables – œuvre destinée à dresser l'inventaire des formes encore vivantes de l'altérité. C'est à travers une telle entreprise qu'est maintenue la conviction nécessaire à l'Occident d'être au-delà de ce qui reste « autre » : il ne faut pas que cet « autre » meure, si nous voulons expulser de nous-mêmes l'idée que peut-être quelque part il y a en nous aussi des survivances. D'où cette foi qui est la nôtre en une intelligibilité absolue de l'altérité.

Mais là aussi nous retrouvons l'autre expression de l'archaïque. Au-delà de ce mythe d'une intelligibilité métaculturelle dont la *tekné* est la rançon, témoignage d'une rationalité qui a supprimé les autres, qu'on pense maîtrisée parce qu'elle se montre conquérante, et pour laquelle les différences rencontrées ne sont que des situations à exploiter; au-delà des effets de fantasmagorie produits par ce mythe, il ne reste que des ruines qui n'annoncent plus un retour à l'unité mais, plutôt, le regret de ce qu'elles furent. *Spleen.* Ou utopie. Habiter la modernité c'est déambuler parmi les ruines. Ce sont elles qui évoquent « ce sentiment obscur qui nous vient de la préhistoire » dont parle Chirico à propos du présage. Et c'est l'homme de l'allégorie, celui qui se nourrit de citations, c'est-à-dire encore de fragments, qui les traverse. Mais son œuvre ne peut guère reconstituer une Renaissance qui s'ajouterait aux autres. Elle n'exhibe que des graffiti et l'incomplétude des inventaires et des assemblages tronqués.

De Durkheim à Dumont, l'anthropologie a fait miroiter l'image d'une unité immanente perdue, impossible et dérisoire, d'une *communitas* où désaccords et conflits seraient non seulement résolus mais abolis. L'âge moderne a déjà donné suffisamment de preuves que sa volonté de dépasser le fragmentaire était totalitaire, et que l'*impetus* de la force tenait lieu désormais de raison totalisante. Mais les fantasmagories perdurent, les mêmes dont parlaient déjà Marx et Baudelaire en observant l'équivoque pouvoir de la Foule et l'*aura* des marchandises étalées dans les Passages. Elles sont maintenant parfaitement à l'unisson avec l'état d'hallucination chronique dans lequel notre « civilisation de l'image » se meut. L'irréalité tend seulement à remplacer cet optimisme, qui a duré plus d'un siècle, de l'attente d'une rédemption qui devait s'accomplir grâce à une radicalisation accumulative des conflits.

Il n'y aurait eu ni maquillage, ni mythe d'une positivité de l'archaïque nommée « réciprocité » ou « holisme », s'il n'y avait pas eu « culturalisation » de l'autre. On y pense comme s'il s'agissait seulement de la conquête des âmes que l'histoire de la foi missionnaire a imposée aux marges de l'Occident. Cela aussi est vrai. Mais l'épanouissement de la culturalisation s'est accompli surtout à travers la propagation de l'esprit laïc. C'est ainsi que l'Occident a réalisé bien plus efficacement que par la volonté évangélique d'unifier le monde de la foi la Mêmeté à laquelle il aspire. Elle devait être la « délivrance des ténèbres », la révocation de l'archaïque, de ce paganisme où l'illusion égare au lieu d'éclairer. Et c'est par la totalisation effective de la technique, union des Lumières et du progrès, que la culturalisation s'est enfin accomplie.

Culturaliser, c'est acculturer par déculturation : vider pour ensuite remplir. Détruire pour « construire ». Assurer le triomphe du « bon » changement d'identité. La phase de l'histoire où celle-ci n'était envisagée que comme conquête du fort sur le faible n'est certes pas finie; la soumission pour l'exploitation reste la règle. Mais elle s'accompagne désormais d'un autre processus où la culture devient instrument politique. Culturaliser, c'est aussi transformer l'altérité en document d'archives. Il y a là une autre manière d'enfreindre une limite, de pénétrer dans l'identité de l'autre pour proclamer ensuite que sa vérité, en l'occurrence son incomplétude, nous est bien acquise; cette intrusion peut faire penser à la captation d'âmes, comme dans l'œuvre d'ensorcellement. La méfiance des acculturés, maintes fois attestée, à l'égard des recensements et des inventaires, qu'ils soient administratifs ou ethnographiques, n'a rien de surprenant. C'est que l'archivage des autres, pense-t-on à raison, doit bien servir à quelque chose. S'il se concrétise dans un portrait (souvent une caricature), celui-ci doit être, et nous touchons, je crois, à l'essentiel, un (mauvais) exemple.

Depuis que l'Occident s'occupe de l'altérité, l'identité des autres est le symbole « de ce que l'on n'est pas », ou du moins « de ce que l'on n'est plus ». L'archivage des identités culturelles a ainsi permis une nouvelle *symbolisation* du monde, allégorie modulée au gré des besoins ontologiques de l'Occident où se côtoient l'innocent naturel doué toutefois d'une naïve cruauté, l'esprit en proie aux illusions qui bloquent son épanouissement, l'esprit non libre, mais pour cela même doué de la sagesse de l'humble, l'âme ignorante de ses propres possibilités, et donc encore éloignée de la véritable *ratio,* ou encore l'esprit qui « confond » ludique et utile, et se complaît dans un bricolage obsessif des « catégories sensibles ». Dans toutes ces figures, ce qui de l'altérité historiale reste insaisissable devient ainsi un cas possible (toujours un cas d'insuffisance dans l'ordre de ce que l'on entend par « esprit » ou « raison ») de ce que l'Occident doit tenter de ne jamais (re)devenir, et de ce qu'il peut parfois craindre d'être : un esprit rêveur ou la victime d'une force plus grande que lui, celle qui, depuis l'*Aufklärung,* se nomme obscurantisme, *los monstruos del sueño.* Apparemment, l'histoire de la technique confirme cette ambition. Ce qui est moins sûr, c'est que son triomphe ait véritablement ébranlé l'altérité, au sens précis de tout ce qui n'est pas l'Occident, et que l'altérité soit enfin effectivement *jugulée.*

L'engouement pour l'homme traditionnel a été une manière de s'emparer allégoriquement des écarts qui habitent la méga-société de machines et de marchandises qu'est devenu le monde. Je ne pense pas suggérer une corrélation hasardeuse en relevant la coïncidence, qui dure depuis un demi-siècle, entre une volonté, que l'on n'ose plus appeler impérialiste, d'exploitation des différences humaines et matérielles pour un profit unilatéral *et* irrationnel, et la culturalisation, au sens d'*immanentisation* de l'autre – forme nouvelle d'un problème ontologique ancien et fondamental : celui de la différence. Rien de surprenant non plus à ce que l'on redécouvre une tension pouvant aller jusqu'au conflit ouvert entre positivisme et interrogation philosophique. Il suffit pour le comprendre de reconnaître que notre présent est celui de l'unité éclatée, en même temps que de l'unification métaphysique (techno-scientifique) et que ce *double-bind* module une tension inédite et, peut-être, sans issue. C'est parce que notre temps est fait d'un étalement a-dialectique de fragments qu'il est aussi à la crise. Nous sommes entrés dans ce cercle où l'altérité apparaît radicale en ce qu'elle n'est plus tradition mais survivance qui résiste. Pour cela aussi, le recours à l'identité est devenu négation concrète de la liberté. C'est cette situation qui nous enjoint de choisir comme combat la pratique de l'interprétation. Qu'on s'en réjouisse ou qu'on le regrette, c'est l'*habitus* même de notre spiritualité, celle qu'évoquait déjà Eliot au début du siècle :

> *Living nor dead, and I knew nothing,*
> *Looking in the heart of light, the silence.*
> *(Wasteland)*

3

Que je sache, l'herméneutique n'a jamais livré de lectures conformes, pour l'univocité, à ce que les naïfs voudraient. On n'a pas attendu non plus ces intuitions teintées d'une raisonnable perplexité que la fréquentation des cultures lointaines nous réserve, pour en conclure qu'il est difficile de se fier à des bribes. Les témoignages – récits, aperçus, *et* monographies – auxquels on fait obligatoirement référence depuis un siècle environ et que l'on juge « incomplets », « infondés », « tronqués », « partiaux », sont néanmoins la matière même avec laquelle les livres d'ethnologie sont faits, y compris les « théories ». Comment? Par le commentaire. Massivement, l'ethnologie est une lecture; parfois même un « plaisir du texte ». Les ethnologues, sans distinction d'âge ou d'école, pratiquent aussi l'interprétation, comme M. Jourdain faisait de la prose. Mais ils semblent assumer cette pratique dans l'inconfort, la honte et la crainte de voir les foudres positivistes s'abattre sur eux. Tout se passe comme s'ils avaient oublié que la tradition occidentale à laquelle, *volens nolens,* ils appartiennent n'est qu'une sédimentation passablement babélique de bribes lues, commentées, et interprétées, et que c'est sur ces fragments que notre entendement s'efforce de se bâtir lui-même. Ce qu'il y a de nouveau, me semble-t-il, dans cette reprise involontaire – et, ajouterais-je, inévitable – de l'herméneutique, c'est le pari gnoséologique qui la sous-tend et qui lui vient de son champ, que j'appellerais volontiers l'illimité ethnographique. En effet : comment et où finit-on le travail? Pratiquement, jamais; si ce n'est par lassitude. Mais, pratiquement aussi, l'illimité est difficilement supportable, et l'entendement mis en péril doit pouvoir s'abriter contre le déferlement du non-sens. La lassitude, de ce point de vue, est un remède, exactement comme la maladie. Non seulement parce que l'expérience de l'ethnographie ne se donne pas pour une expérience du perpétuel dépassement – ce que l'on peut regretter mais qu'il faut bien admettre –, mais surtout parce que « ethnographier », même de manière, comme on dit, « intuitive », c'est-à-dire normalement et couramment, consiste à fixer arbitrairement et nécessairement des limites à l'expérience. Ce qui implique que l'on reconnaisse des limites au « savoir » ethnographique et en conséquence aussi, d'une manière plus générale, au savoir sur l'altérité culturelle.

J'en viens ainsi à caractériser cette pratique herméneutique « dans le concret » par une aporie. Il est toutefois impératif ici non seulement d'admettre mais de questionner les limites et de commencer par dire que l'on ne sait que ce que l'on a pu savoir. Aporie qui, pour être complète, requiert une scolie : on ne connaît ni la nature ni l'extension de ce que l'on ne saura jamais. Le savoir acquis de la sorte est intrinsèquement un savoir incomplet, au sens que l'on n'en sait jamais assez. Ce, pour la simple raison qu'il ne s'agit pas de savoir tout court, mais plutôt, et seulement, de volonté-de-savoir : « volonté d'en savoir plus ». Le seul savoir du même ordre qui, connaissant ses propres limites, n'aurait pas à faire l'expérience de l'incomplétude sans cesse relancée et n'aurait donc pas à envisager, pour « être », son propre dépassement, n'appartient qu'à cette connaissance, acquise et partagée, appelée « Culture » propre ou, ce qui revient au même, « Tradition ». Mais la Tradition, observait déjà Wittgenstein, « n'est rien que l'on puisse apprendre; elle n'est pas un fil que l'homme peut reprendre, si cela lui plaît; aussi peu qu'il est possible de se choisir ses propres ancêtres. Quelqu'un qui n'a pas de tradition et qui voudrait en avoir une est comme quelqu'un qui est malheureux en amour [1] ». C'est parce que l'ethnographie n'est que volonté-de-savoir que son objet ne peut pas avoir de limites et que, dans le meilleur des cas, elle s'évertue à repérer dans l'univers illimité qui est le sien des faits-indices qu'elle retient parce qu'elle les juge « significatifs », ou qui paraissent « paradigmatiques » parce que, n'ayant pas de buts clairs, ils ont aussi des effets invérifiables et imprévisibles pour l'entendement qui les repère. A première vue, rien de nouveau. Nous retrouvons les affres de l'interprétation classique, celles-là qui donnent d'ailleurs du plaisir. Il y a pourtant dans l'interprétation ethnographique quelque chose d'intrinsèquement inédit. C'est que le champ du vrai et du

1. *Investigations philosophiques,* éd. fr., Paris, Gallimard, 1962, p. 76.

faux est ici, dès le début de l'aventure, « sous caution ». En conséquence, la description que l'on veut donner de l'un ou de l'autre se révèle pour ce qu'elle est profondément : un ensemble de « projets-notes où la logique n'est pas seulement, comme on dit, " apparente ", [mais] plutôt, une petite machinerie de langage qui consiste à poser un état comme si on allait en tirer les conséquences, puis à ne pas les tirer [1] ». L'entreprise herméneutique dont je parle côtoie perpétuellement l'indéterminé. C'est pour cela que ces descriptions ne sont que des « précisions inexactes [2] ».

De quel genre est alors la connaissance que l'on acquiert de cette manière? Peut-il s'agir d'une connaissance accumulable, d'un savoir d'érudition dissimulé derrière ces cosmétiques que sont les « théories », si chaque acquis est d'emblée provisoire, si la précarité de chacun semble rachetée seulement par la certitude illusoire dans un progrès entendu quantitativement? S'agit-il d'un inventaire de « connaissances », à l'ordonnancement d'ailleurs révocable? La mémoire ethnographique, devenue de nos jours pléthorique, au sens où elle est aussi vaste que superflue, rassemble des diversités archivées, souvent hétérogènes entre elles. A preuve le déclin du comparatisme et la multiplication des relativismes, avec leurs critères descriptifs-interprétatifs non seulement différents mais incommensurables entre eux. C'est cette hétérogénéité qui fait qu'il ne s'agit pas de savoir mais plutôt de mémoire.

J'ajouterais que les témoignages que cette dernière produit reposent sur un « effet » qui me paraît inhérent à l'expérience et à la confrontation qu'elle programme. La figure, célèbre et rhétorique, de la confrontation est le dialogue. C'est là que, par définition, Identité et Différence se rencontrent, que se dévoile le non-accord, lequel était auparavant ignoré donc inexistant.

1. J.-F. Lyotard, *Les Transformateurs Duchamp*, Paris, Galilée, 1977, p. 65.
2. *Ibid.*, p. 68.

Dans le cas contemporain dont l'anthropologie porte témoignage, les deux figures de l'observateur et de l'observé, dont le premier seul est censé tirer les fils en consignant le déroulement d'une expérience que lui-même a provoquée, ne me paraissent pas, à proprement parler, celles d'interlocuteurs. S'ils l'étaient, on ne pourrait plus dire qu'il s'agit d'une expérience de l'altérité. Ce, tout simplement, parce que au départ, et, le plus souvent, tout au long de l'aventure, aucune *koïné* ne les rapproche, si ce n'est celle qui, inévitablement et unilatéralement, introduit le malentendu : celle qu'anime la volonté-de-savoir de l'observateur et qui, en cela même, brutalement, définit *son* altérité. La langue d'Ogoutummêli n'est pas celle que Socrate partage avec Gorgias. Il ne s'agit pas de désaccords sur des opinions, ni donc non plus de polémique, il s'agit du non-accord entre deux cultures, révélé, d'emblée, par deux langues. Mais ce non-accord vécu par l'ethnographe paraît si peu essentiel qu'on croit avoir trouvé un remède pour l'éviter. Ce remède est l'« objectivité », à laquelle on recourt dans des termes moralistes plutôt qu'épistémologiques. L'injonction d'objectivité est d'ailleurs empruntée à des expériences qui n'ont justement pas à assumer l'*agôn* entre Identité et Différence : celles des sciences positives, au sens de non humaines, si je puis recourir à cette formule, et la quasi-totalité de la production anthropologique consiste en fictions positivistes motivées par un parti pris moraliste « en faveur de la science ». Je pense (mon précédent livre se voulait un témoignage de cette expérience) que l'on gagnerait en compréhension, et de l'Altérité et de toute pratique volontariste qui officiellement se propose de l'assumer, si l'on admettait que le malentendu *ne peut* être évité. Cette *autre* expérience du dialogue n'est ni l'*agôn* philosophique, confrontation entre deux opinions ou entre opinion et savoir, ni l'erreur induite par une volonté de tromper l'interlocuteur, ni l'approche d'un texte inconnu, ni l'approche systématique d'un savoir consigné, et donc aussi délimité, par l'écriture. L'expérience de l'ethnologie, où règnent les faux clivages épistémiques entre description (ethnographie) et compréhension (anthropologie), révèle sans doute des difficultés herméneutiques paradoxales. Mais ce sont elles qui la placent, à son insu, au cœur de l'égarement qui constitue notre modernité : là où l'uniformisation, dans laquelle toute possibilité d'interprétation s'éteint, ne découle pas seulement d'un projet techno-économique réel, mais d'un oubli qui est une abdication métaphysique. Cette abdication commence par la volonté de nier la possibilité même d'un malentendu fructueux.

Suffirait-il de dire que l'ethnologie engage une « autre » expérience du dialogue, menacée par le malentendu?

Mais le malentendu ne précède pas la pensée, il lui appartient; ce qui ne signifie rien d'autre que ceci : l'exercice de la pensée requiert l'interprétation. Il faut cependant se demander de quelle interprétation il s'agit si l'enquête ethnographique n'est pas une version du dialogue, ne peut guère prétendre à une maïeutique et ne peut pas non plus éviter la confrontation avec la Différence. Quand on dit « malentendu », on pense à ce qui aurait pu être compris et qui toutefois ne l'a pas été, à une sorte de ratage. Si l'on avait compris, on saurait ce que l'on ne peut pas comprendre : l'insaisissable. Car comprendre, c'est aussi reconnaître que les possibilités de compréhension ont forcément des limites. Mais le malentendu ethnologique semble tenir à une absence de limites : je ne me propose pas de connaître une « opinion différente » de la mienne, ainsi que le jeune Socrate avec Parménide; quelle pourrait bien être en effet « mon » opinion sur l'incarnation totémique? Je dois entrer dans un *logos* différent, pris dans sa totalité, bien qu'appréhendé dans des manifestations infiniment variables. C'est à travers ce *logos* autre que je vise, paradoxalement, *la* vérité.

Ne fût-ce que pour cela, il faudrait éviter de parler de théories. Il y a théorie lorsque l'on se propose d'isoler l'objet, donc aussi de le clore. Une telle clôture, dès qu'elle est prétendument atteinte, explicitement ou à travers les ruses rhétoriques de la monographie, abolit le sens même de l'expérience ethnographique. En ethnologie, il ne peut pas y avoir théorie mais seulement interprétation, tissage de liens entre l'entendement et lui-même au cœur de l'altérité.

C'est aussi sur l'interprétation comme lecture que l'Occident a cherché à préserver sa propre Tradition. L'herméneutique du texte suppose le non-accord et l'égarement dans un paysage où la *diritta via* est perdue. Mais son paradoxe est tout entier dans l'existence d'un lien rompu qui continue à nous lier : ainsi puis-je affirmer que je suis chrétien, tout éloigné que je sois du chrétien du commencement. Or, dans l'interprétation pratiquée par l'ethnographie, la rupture est totale et nous frappe d'emblée. Bien contraints de l'admettre, c'est seulement après coup que nous cherchons éventuellement à l'abolir – mais souvent en faussant les termes du problème : car il ne s'agit à proprement parler ni de mon « identité » ni de l'identité de l'autre auquel nous sommes confrontés. Ce que l'expérience comporte d'inquiétante étrangeté est qu'ici aucun fil ne nous lie plus à nous-mêmes et que nous nous trouvons placés devant le dilemme de la pluralité ou de l'unité de l'esprit.

4

En voulant préciser la portée réelle des théories et des idéologies inspirées de l'exotique, j'ai souvent été amené à me demander si ces discours ne visaient pas à faire admettre des allégories composites de l'archaïque pour réfuter « à la racine » les valeurs sur lesquelles les sociétés occidentales contemporaines, dans toutes leurs variantes, sont, tant bien que mal, fondées.

Que cette ambition soit restée velléitaire parce que littéraire, au sens où les justifications philosophiques lui ont souvent manqué, et qu'on ait oublié que « le beau, le sacré, l'éternel, la religion et l'amour sont les appâts requis pour réveiller l'envie de mordre », rares, je crois, sont ceux qui, aujourd'hui où cette ambition a décidément reflué, en doutent. Mais le constat désabusé que j'exprime ne change rien quant à l'essentiel. L'intention restait, *en quelque sorte,* contestataire. Sans avoir jamais été réellement subversive – dans l'histoire des mœurs contemporaines l'ethnologie a peut-être été la première expression d'une indifférence profonde et *concrète* face aux problèmes de l'heure –, elle prenait sur la scène critique le relais de l'humanisme de l'après-guerre qui avait duré jusqu'à la période de la « dé »-colonisation. La *Critique* de Sartre est contemporaine de *la Pensée sauvage.* On peut y voir le dernier dialogue, du moins officiel, entre une pensée positive, sociologique, et une philosophie de l'histoire qui se prolongeait dans ce qu'on appelait l'« engagement ». Mais s'il y a eu relais, c'est un peu comme entre deux rejetons d'une espèce en déclin : le successeur accuse toujours davantage l'affaiblissement qui marquait déjà le prédécesseur. L'*opus* de Sartre est le chant du cygne du dialogue et de l'engagement. Le « comble du vide », atteint par la suite à travers un déboulonnage journalistique de la grande philosophie n'a fait que le confirmer. Mais le relais a du moins été transmis, comme l'histoire de notre crise le voulait.

Rares sont les ethnologues qui n'ont pas, de près ou de loin, abordé les thèmes qu'un chapitre célèbre de *la Pensée sauvage* résume dans son titre : « Histoire et dialectique ». Nombreux sont ceux qui ont pris part, ne fût-ce qu'émotivement, aux engagements de l'heure. « *Chaque fois* que les témoins peuvent choisir entre une interprétation positive et une interprétation négative, entre la réciprocité et l'altérité, entre l'homme et le contre-homme, ils choisissent l'autre, le non, l'anti-humain [1]. » La phrase dit assez bien en quoi pouvait consister, à ce moment-là, « s'ouvrir à l'autre ». Le

1. Sartre, *Critique,* Paris, Gallimard, 1960, p. 342.

colonialisme condensait à lui seul l'a-dialectisme de l'histoire, une prose sans syntaxe mais écrite par le couple éternel du maître et de l'esclave, et la « synthèse » d'une histoire désormais *réellement* universelle : l'exploitation planétaire. L'époque du colonialisme correspond à une phase conquérante de l'Occident où l'abus grossièrement déclaré n'avance encore que des justifications sommaires. Ce triomphe sollicite, par contrecoup, non seulement des sentiments avec tout ce que ce mot comporte de visqueux, mais la poursuite de l'interrogation sur notre destin. La *Lettre sur l'humanisme* marque, dans une détresse salutaire, la fin de l'expérience de l'identité comme horizon de l'être, et la substitution de la différence à l'identité : « L'absence de patrie [*Heimat*] devient un destin mondial. C'est pourquoi il est nécessaire de penser ce destin sur le plan de l'histoire de l'être. Ainsi ce que Marx, partant de Hegel, a reconnu en un sens important et essentiel comme étant l'aliénation de l'homme plonge ses racines dans l'absence de patrie de l'homme moderne. Cette absence de patrie se dénonce, et cela à partir du destin de l'Être, sous les espèces de la métaphysique qui la renforce en même temps qu'elle la dissimule comme absence de patrie. C'est parce que Marx, faisant l'expérience de l'aliénation, atteint à une dimension essentielle de l'histoire que la conception marxiste de l'histoire [*Geschichte*] est supérieure à toute autre historiographie [*Historie*] [1]. »

Destin de l'exil, mais sans plus de quête de Graal.

What are the roots that clutch, what branches grow
Out of this stony rubbish? Son of man,
You cannot say, or guess, for you know only
A heap of broken images where the sun beats

(Wasteland)

Au moment où Heidegger, dans la même lettre, désignait comme « l'essence moderne et métaphysique du travail [...] le

1. Heidegger, *Questions II*, 1966, p. 115-116.

procès auto-organisé de la production inconditionnelle », le colonialisme imposait que l'exil comme « destin historique essentiel de la vérité de l'Être en tant que laissée dans l'oubli » devienne ce destin politique contre lequel se défendaient les damnés de la terre. Très vite pourtant, l'allure de cette contestation a changé. L'équation, fragile parce que trop sentimentale, entre la générosité de l'engagement et le combat politique s'est d'abord rompue. Ainsi en 1968 en France, où la générosité n'était pas politique et où le combat n'était pas un engagement. Dans la foulée, l'indifférence croissait à l'égard des « droits des peuples », indifférence masquée par les « rationalisations » proposées par le sociologisme et le scientisme; on développait des arguments désabusés à l'égard de valeurs effectivement ternies. Cette mutation relate aussi sans doute l'éducation sentimentale de toute une génération. Les ethnologues sont bien entourés. Les événements ont marqué leur conscience tout autant que celle des autres clercs. La libération des peuples colonisés s'est essoufflée ou enlisée dans des farces tragiques. Les partis politiques ont vu en même temps leur crédibilité *fonctionnelle* décliner, favorisant par contrecoup le renforcement d'un pouvoir exécutif symbolisé par le rôle du chef-président tout-puissant, censé incarner, le mot n'est pas trop fort, ce qui reste de l'autorité. Vingt ans ont suffi pour que cette transformation fasse, du moins en France, l'unanimité.

L'entreprise ethnologique avait initialement voulu, certes par des allégories, contribuer à la critique des valeurs morales d'un civisme en déperdition. Cette critique visait la modernité, et son allure rousseauiste restait patente, à ceci près qu'elle oubliait les valeurs de la parcimonie, et ne dénonça jamais les Lettres et les Arts. Comment d'ailleurs le discours ethnologique, qui a pour légitimation des postulats positivistes bien ancrés, pourrait-il s'opposer au progrès et à son idéologie? On a souvent vu la critique du présent – celle-ci, d'ailleurs, arbitrairement disjointe de la critique du progrès – prendre des allures conservatrices, et l'appel au passé promettre de servir un projet novateur. Beaucoup de progrès de l'Occident sont des millénarismes. Mais l'ethnologie, lorsqu'elle délaisse la simple collecte, l'étalement d'inventaires qui lui octroient en apparence le statut de science naturelle, ne semble guère aspirer à l'héritage des contradictions romantiques, pas même sous la forme d'une résurgence de l'*Andenken* annoncé par les opposants aux Lumières. La prose du monde, maintenant, se lit allégoriquement de cette matière remémorante à travers laquelle les reliques reviennent à nous sous forme de fétiches. Au lieu de rester des témoignages fragmentaires, elles nous hantent comme des idoles. Mais, pour cela même, leur maniement paraît gauche et ambigu. « Dans quelle mesure, disait Benjamin, les extrêmes qu'il faut saisir dans le sauvetage sont(-ils) ceux du " trop tôt " et du " trop tard " [1]? » Que ce soit sous la forme du regret ou du pessimisme – *Tristes Tropiques...* – ou autrement – « la première société d'abondance... » – l'ethnologie est arrivée à vivre cet ennui dont parlait déjà Chateaubriand pour dénoncer l'anomie galopante de nos sociétés *et* pour expliquer le renoncement mou qui définit assez bien l'état existentiel des cohortes de clercs, assis sur leurs privilèges. L'Occident, disent-ils, se mesure à l'aune de l'archaïque. On pense à ces paroles de la préface de la *Phénoménologie :* « Ces discours prophétiques croient bien résider dans le centre et la profondeur, regardent avec mépris la détermination et s'écartent volontairement du concept et de la nécessité, c'est-à-dire, selon eux, de la réflexion qui ne demeure que dans sa finité. Mais comme il y a une largeur vide ainsi il y a une vide profondeur; comme il y a une extension de la substance qui se répand en une multiplicité finie, sans force pour la rassembler, ainsi il y a une intensité sans contenu qui, se soutenant comme force pure sans expansion, est la même chose que la superficialité [2]. » Le « roman philosophique » qu'écrit l'ethno-

1. « Zentralpark », p. 35; in éd. fr., *op. cit.*,. p. 242.
2. Hegel, *Phénoménologie de l'esprit*, Paris, Aubier, 1966, 1re partie, préface, p. 31 (trad. fr. par Hyppolite).

logie est bien celui de l'extériorité qui fait le tour de la terre.

Cet égarement en expansion finit pourtant par porter à conséquence. Très tôt, la confrontation avec l'archaïque prend des allures où, sous des prétextes éthiques, pointent des options politiques, d'ailleurs peu nouvelles, qui avalisent des choix sur lesquels nos sociétés ont toujours eu à se prononcer. Ainsi, la deuxième partie de l'*Essai sur le don* est un appel ouvert à la collaboration, au sens politique du terme (appelée par euphémisme « morale archaïque de la réciprocité »), entre patrons et travailleurs, dans un esprit auquel le syndicalisme réformiste et les confédérations patronales, d'alors comme de maintenant, pourraient souscrire. Quand il fut écrit, on aurait pu penser que les échos de l'entente forcée entre les classes sociales scellée par le national-socialisme aurait dû troubler les consciences qui se penchaient sur le déclin du Contrat.

La critique dumontienne de l'*Homo aequalis,* qui idéologiquement prend le relais de l'*Essai sur le don* (Dumont d'ailleurs ne s'en cache pas), ne s'inspire pas de la *Krisis* de Husserl ni ne daigne un quelconque renvoi à la « pensée négative » d'Adorno, bien que « l'énigme de la subjectivité et l' échec d'une vocation » (celle de l'esprit scientifique et, ce qui revient au même, de la liberté) soient mis sur la sellette dans cette réfutation de l'individualisme [1]. Elle préfère s'inspirer d'une « forme sociale opposée à la nôtre », afin de « relativiser les valeurs occidentales *par* la comparaison [2] » : « la tâche comparative [...] consiste à rendre compte du type moderne à partir du type traditionnel »; ceci parce que « la plus grande partie de notre vocabulaire moderne est inadéquat à des fins comparatives [3] ». Singulier aveu pour une ambition comparative : si cette inadéquation, qui concerne nécessairement des valeurs – à commencer par celle qui est contestée, l'individualisme-égalitarisme –, est admise, on ne

1. L. Dumont, *Homo aequalis,* Paris, Gallimard, 1977, p. 17.
2. L. Dumont, *Homo hierarchicus,* Paris, Gallimard, 1967, p. 18.
3. *Homo aequalis, op. cit.,* p. 16.

voit plus très bien quel sens peut encore avoir la confrontation que l'on veut pourtant promouvoir en vue d'une critique des valeurs. « Le modèle comparatif fondamental, ajoute Dumont, doit être non moderne [1]. » Ce qui logiquement revient à dire que *tout* ce qui est autre que nous peut s'ériger en modèle. Pourquoi alors choisir seulement l'ordre hiérarchique ?

Surgit ainsi, en contre-plan, tel un Léviathan qui totalise la *societas* non moderne, l'édifice « holiste » des *varna* hiérarchisés. Il est certes encore question de la « réciprocité » maussienne : c'est, affirme Dumont, un « ensemble [...] fondé sur la co-existence nécessaire et hiérarchisée de deux opposés » (ici : le pur et l'impur) : « un univers *purement* structural : c'est le tout qui commande les parties, et ce tout est conçu [...] comme fondé sur une opposition [...]. [Nous Occidentaux] avons [...] remplacé [...] la référence au tout par la référence au simple, à l'indépendant, à ce qui se suffit à soi-même, c'est-à-dire à l'individu ou à la substance [2] ». Mais, avec le temps, l'idée de réciprocité semble s'être passablement durcie. Désormais l'intégration des parties n'a plus les simples propriétés homéostatiques de la segmentation nuer idéalisée par Evans Pritchard, elle n'a plus à s'alimenter de transactions effectuées, comme on dit, en pure perte, par respect pour la « morale du don ». Ce n'est qu'une banale idéologie de l'ordre, essentialisée comme si le vitriol de Cioran l'avait atteinte. Une « structure » inébranlable, « système » formel, compréhensible, rationnel et comme doué d'une nature ontiquement bizarre : spirituellement immanente et, pourrait-on dire, pragmatiquement spiritualiste. En bref, une parfaite représentation sociologique telle que les sociologues en rêvent. Le *théos,* en dépit des prêtres-clercs et des divinités, en est absent. Ne demeure en place qu'une *doxa* qui prévient métissages et désordres. On ne trouve plus trace, ici,

1. *Ibid.*
2. *Homo hierarchicus, op. cit.*, p. 65.

de « l'œuvre de la confection royale du tissu social », selon les propos de l'Étranger qui aspire à l'harmonie sociale sans pour autant nier les désaccords, « afin de ne jamais permettre aux caractères sagement modérés de se tenir à l'écart de ceux qui sont fougueux, mais bien plutôt de les tisser ensemble avec une navette constituée par la communauté des opinions qu'ils se font, *aussi bien de ce qui est honorable que de ce qui est déshonorant,* et par les échanges des garanties mutuelles, bref de composer avec eux un *tissu égal* et, comme on dit, bien tramé; enfin, de toujours leur confier *en commun* les charges de l'État [1] ». Le « réel » que défend Dumont n'est pas ce « tissage » de désaccords où il ne verrait sans doute qu'une fable de philosophe; c'est la hiérarchie, qui a plutôt comme tâche de figer les différences. Son « réalisme » n'est que la vieille rengaine conservatrice de l'adéquation au moule social, la soumission aux inégalités auxquelles il faut bien se faire puisque ce sont elles qui structurent « harmonieusement » l'ensemble. Par ces détours archaïques, ce qui est proposé, c'est un « ordre structural » idéalisé, d'un gestaltisme d'ailleurs étonnamment proche de la froide idéologie organisationnelle moderne : qui, contrairement à ce que soutient Dumont, affirme obsessionnellement comme valeur l'Ordre tout court. « La plupart des sociétés valorisent en premier lieu l'ordre, donc la conformité de chaque élément à son rôle dans l'ensemble. [...] J'appelle cette orientation générale des valeurs " holisme ". D'autres sociétés, en tout cas la nôtre, valorisent l'être humain individuel. [...] Dans la conception holiste les besoins de l'homme comme tel sont ignorés ou subordonnés, alors que la conception individualiste ignore ou subordonne au contraire les besoins de la société [2]. » On pourrait croire que le débat ne fait que renouer non seulement avec les thèses d'un C. Schmitt contre le libéralisme qui aurait rendue impossible la compréhension même du poli-

1. *Politique,* 310ᵉ-311ᵉ (je souligne).
2. *Homo aequalis, op. cit.,* p. 19-21.

tique et offusqué la question primordiale de l'État, mais avec l'idéalisme allemand et ses tentatives pour concevoir un Système. On retrouve le conflit entre Système et Liberté. Mais, là encore, la reprise manifeste un affaiblissement théorique; comme si l'approche culturelle-comparative consistait à assumer *partiellement,* et en retrait, l'enjeu essentiel de l'hégélianisme. « Sans doute, écrit Heidegger, la volonté-de-système est-elle manque de probité quand libre cours est donné à cette volonté *sans* surmonter le nihilisme et *avant* ce surmontement, car, dans ces conditions, elle ne fait que favoriser le nihilisme, la léthargie au sein de la négligence spirituelle généralisée [1]. » Pour moi, la volonté de penser sociologiquement la question de la Liberté dans un plaidoyer *politique* en faveur du système, non seulement n'est pas le « dépassement » d'un débat philosophique *et* politique crucial, mais un échec. Comment en effet ne pas voir que la volonté-de-système n'est guère absente du « modèle égalitariste », lui qui, comme Dumont est bien obligé de l'admettre, trouve, dans l'aspect « englobant » qu'est l'Économique, la « rationalité » qui doit le légitimer [2]? Peut-on sérieusement dire que « les éléments de base de l'idéologie moderne [3] » sont « implicites »? On a vite fait en besogne quand on déclare que « la primauté de la vue économique dans le monde moderne » suppose simplement « un ébranlement profond dans la constitution mentale de l'homme moderne [4] », et ne peut, pour cette raison, représenter un Englobant ou une Idéologie. Quand Dumont déclare que les sociétés archaïques « ignorent la liberté et l'égalité comme valeurs » et qu'elles ignorent donc aussi l'individu [5], il suppose qu'elles ont fondé, sur cette parcimonie ontologique, « une idée collective de l'homme [6] ».

1. *Le Traité de 1909 sur l'essence de la liberté humaine de Schelling,* éd. fr., Paris, Gallimard, 1977, p. 51.
2. *Homo aequalis, op. cit.,* p. 28-29.
3. *Ibid.,* p. 29. – 4. *Ibid.,* p. 34.
5. *Homo hierarchicus, op. cit.,* p. 21.
6. *Ibid.*

Sociétés sages, immuables *quant à l'essentiel :* intrinsèquement structurales; à l'abri des illusions de l'égalitarisme. « Aussitôt [...] qu'une fin collective est reconnue comme s'imposant à plusieurs hommes, leur liberté est limitée et leur égalité est mise en question [1]. » Dumont oublie que dans les sociétés *prétendues* égalitaires (ne confond-il pas aussi le « réel » et l'« idéal »?) existe bel et bien une « fin collective » : c'est la production pour l'accumulation et l'accumulation pour l'accroissement. Quant aux inégalités que nos sociétés pourraient encore présenter, et qui ne s'accommoderaient pas de la sacro-sainte nécessité structurale de la complémentarité des parties, Dumont se contente d'y voir des sortes d'accidents. « Dans l'univers où tous les hommes sont conçus non plus comme hiérarchisés en diverses espèces sociales et culturelles, mais comme égaux et identiques dans leur essence, la différence de nature et de statut entre communautés est *quelquefois* réaffirmée d'une façon désastreuse. C'est le racisme [2]. » Il fallait toute la franchise et la suite dans les idées de Dumont pour découvrir où mène « l'idéologie structurale ». De « l'intégration organique » des systèmes segmentaires selon Durkheim à l'« intégration hiérarchique » selon Dumont, le saut accompli est considérable mais aussi, le dogme de la réciprocité aidant, conséquent. C'est la pure et simple – et d'ailleurs guère nouvelle – négation de ce négatif qui définit la condition aliénée de l'homme moderne : l'inégalité de classe. Riches et pauvres ne sont que des *Gestalten.* Cette idéologie parle « réalisme »; comme tout réalisme, elle couvre d'un vieux manteau les inégalités. Et le racisme sauve le modèle : c'est l'irrationnel pur, sans qu'il soit même plus question de l'ombre de l'exploitation. Tournons-nous vers un *socius* sage *parce que* « structural ». Figé et silencieux, et d'où tout désaccord a disparu. Il faut que les *samuyasin* et leur trajet de délivrance, avec le mouvement

1. *Ibid.*, p. 26.
2. *Ibid.*, p. 31 (je souligne).

critique qu'ils représentent des *Upanishad* à la *Bhagavadgita* soient écartés pour qu'on puisse encore « prendre modèle de la hiérarchie [1] ». Il faut que cette « effervescence intellectuelle et spirituelle » soit d'abord marginalisée pour que la sociologie ait une mission civique et que les castes indiennes deviennent un modèle.

C'est en réduisant au silence le sujet, confondu avec l'individu, que la sociologie a pu affirmer son « utilité » dans le siècle où il n'y a pas de sujet, où il n'y a que « la société ». Quant aux sujets qui ne l'auraient pas encore compris, les médecins de l'âme sont là pour qu'on les soigne.

5

Des plongées dans une Antiquité qui survit et qui fait signe par énigmes. Qui est illusion sans être, ou si peu, l'Archive d'où généalogiquement puiser modèles, valeurs et regrets. Un dépôt que nous fréquentons mais que nous ne récupérons jamais, ou si mal. Un passé, disons-nous, mais qui nous échappe parce qu'il n'est pas nôtre, et qu'il résiste à la momification et aux maquillages. *Qui mue,* devant nos yeux,

1. Dans un texte remarquable, mais placé en appendice de *Homo hierarchicus,* Dumont reconnaît, à la suite de travaux indianistes importants, en particulier le travail exceptionnel de L. Silburn, *Instant et Cause, le Discontinu dans la pensée philosophique de l'Inde,* Paris, 1956 (qui a été pour moi-même une lecture décisive dans l'approche de ces questions), l'importance cruciale de l'option révolutionnaire des Renonçants dans l'univers hindouiste. Il reconnaît en effet qu'il y a là des « principes post-védiques et pré-hindous [issus] d'un mouvement [qui est] essentiellement le fait des Renonçants. [...] Ce mouvement critique, ajoute-t-il, réduit le polythéisme védique à la vertu du sacrifice [jusqu'à] proclamer l'identité de Soi individuel [*atman*] et de l'être universel [*Brahman*] » *Homo hierarchicus, op. cit.,* p. 8. J'ajouterai que ma lecture de *Homo hierarchicus* a été largement déterminée par la contradiction que j'ai pu relever entre la thèse générale de l'œuvre et celle que Dumont a placée dans cet appendice (p. 324-350).

indifférent à notre curiosité; ignorant de la trajectoire préétablie où nous voyons notre destin... *Il n'y a pas de déclin de l'archaïque.* Est-il un refoulé dans le temps, comme certains le voudraient? Mais c'est un temps qui n'est pas « mémoire », et ne se reflète sur aucune paroi, dans aucun miroir.

Nous l'apercevons de haut, comme un entonnoir plein d'anfractuosités. Ses contours sont vagues, et c'est pour cela, peut-être, qu'il nous attire. Comme les murs blancs de Mexico dont s'ébahissent les compagnons de Cortez. Comme un mirage de réverbérances indéchiffrables. Confinant avec l'utopie, c'est une Babel *anti*-classique, faite de sédiments d'altérité qui s'amoncellent aux confins de nous-mêmes et qui semblent attendre un Macduff pour s'animer et marcher, comme la forêt, contre Macbeth.

Il m'a fallu toutes ces années pour découvrir la haine contre soi, qui est bien plus qu'une haine contre le présent (avec le présent nous pactisons toujours, dans tous les actes de ce que nous appelons quotidienneté) et qui inspire la fuite à rebours qu'est l'ethnologie. L'*Aufklärung*, elle, au contraire, chassait le passé, condamnait les ténèbres des croyances. Ce n'était pas encore la haine qui incitait à ces croisades, elles n'étaient peut-être qu'une conjuration contre la peur. Depuis, le « progrès » n'est plus à défendre : nous l'incarnons, *nous sommes* progrès. Et voici que maintenant nous aspirons aux ténèbres. Nous n'y puisons plus la terreur – *horror vacui* – qui mène initiatiquement au cœur des ténèbres (« [...] *the common everyday words, the familiar vague sounds* [...] *had behind* [...] *the terrific suggestiveness of words heard in dreams, of phrases spoken in nightmare* ». *Hearth of Darkness*) ni la plénitude ressentie lorsque l'éphémère brille comme une théophanie, mais seulement des bribes éclatées de notre déraison. C'est une « paranoïa de la raison » (l'expression est de Horkheimer) qui alimente notre prétention à tirer des leçons des ténèbres.

Pourtant la vraie nature de ces mirages s'est déjà révélée en des précédents illustres, très proches de nous, et que bizarrement nous feignons d'ignorer. L'*Edda* « syncrétisé » dans les *Nibelungen,* tentative de « légitimer la forme mixte avec l'ambiguïté des mythes », où l'homme pur est projection du Sauvage – *mais* « issu de bourgeois » – et exalté « comme s'il était l'homme métaphysiquement pur [1] », mêle déjà ces *sagas,* où un rédempteur-histrion porte le nom-valise de *Pars-fal* et apparaît sur les planches d'une scène-*templum.* Toutes les fantasmagories de la *Gesammtkunstwerke* aboutissent à cette *favolizzazione del mondo* qui tente d'échapper à la laideur quotidienne que de nos jours on n'ose presque plus appeler par son nom : « règne (bourgeois) de la quantité ». Un vide léger est ainsi troqué contre un vide étouffant. Mais plus encore qu'une quête de dépaysement, où l'extase participante se mue en migraine – Mme Verdurin, affaisée sur le fauteuil près du piano où joue Vinteuil –, c'est un plongeon dans l'« immensité sans autre décor qu'elle-même » (Baudelaire) que voulait le sorcier-musicien. Tessons d'archaïque, enfoncés dans la brume soufflée par un ventilateur à l'arrière-scène.

Aujourd'hui, ces mythologies composites ne semblent plus avoir besoin d'esplanades « assyro-guillaumiennes ». Le « recours à l'oublié » par lequel, pour la première fois dans notre modernité, le mythe, à Bayreuth, devient mythologisation, a cessé d'être nécessaire. C'est qu'entre-temps, la critique de la « raison » bourgeoise s'est enlisée. L'extrême centrisme rayonne sur les consciences. On n'ose plus parler de fausses valeurs, ni d'inégalités *abusives.* On les « gère ». La culturalisation, au sens où j'en parle dans ce texte, des masses populaires a uniformisé le monde qui s'opposait structuralement à la bourgeoisie. Une intégration sociale effective et inédite s'est accomplie en Occident. Elle comporte une gestion « holiste » car idéologiquement égalitaire, et « englo-

1. T.W. Adorno, *Essai sur Wagner,* Paris, Gallimard, coll. « Les essais », 1979.

bante » car culturellement uniformisante. L'esprit lui-même est dressé, dompté, d'une manière qui n'a pas de précédents dans l'histoire et dont les formes totalitaires récentes, européennes ou russes, n'étaient que des prodromes grossiers.

Parler du poison de l'égalitarisme, admirer le prétendu ordre ludique-et-pragmatique des catégories totémiques, marquer d'illusion et de naïveté les cultes qui l'alimentent, inventer un « paganisme » qui liturgise la structure, c'est-à-dire encore et toujours l'ordre, ce sont *aussi* des moyens qui contribuent à la gestion des âmes contemporaines. C'est pour cela que la mythologisation de l'autre, non plus comme autre condamné à produire, prolétaire, mais d'abord comme consommateur, reste toujours nécessaire. Non parce qu'il serait « l'homme métaphysiquement pur » ou que ses propos auraient la grâce du tahitien de Diderot. Pour parler comme dans les ateliers de peinture d'antan, c'est plutôt que nous avons besoin d'un arrrière-plan qui *rehausse* les personnages du premier plan : *« fragments I have shored against my ruin » (Wasteland).* L'art comme « hygiène », la philosophie comme ameublement étaient bons pour nos pères. Cent ans après, l'aspiration à l'hygiène sociale n'a pas tellement changé. Mais, entre-temps, l'art s'est retrouvé en miettes, et on l'a troqué contre une morale sociale. C'est elle que l'on monte maintenant en spectacle. L'« analytique de la finitude », dont parlait il y a vingt ans déjà Foucault à propos des sciences humaines, « où l'être de l'homme pourra fonder en leur positivité toutes les formes qui lui indiquent qu'il n'est pas infini [1] », se trouve parfaitement emblématisée par des dualités « où la finitude se répond à elle-même [2] » : primitif *vs.* moderne; rural *vs.* urbain; hiérarchique *vs* égalitaire; « pensée sauvage *vs.* pensée spéculative. Mais ce que ces dualismes

1. *Les Mots et les Choses,* Paris, Gallimard, 1966, p. 324.
2 *Ibid.*

ont à informer, ce n'est pas tellement l'opposition classique réitérée entre passé et présent, où le traditionnel alimenterait le moderne. Ils ont plutôt à maintenir symboliquement un seuil et une fracture à opposer à la dérive. L'Ancien est l'en deçà, règne de l'ordre et des illusions fertiles. Le Moderne est l'égarement, triomphe du désaccord. Mais la référence à ce seuil reste dans tous les cas littéraire. Il n'est jamais question aujourd'hui de permuter la négativité du présent contre la positivité postulée du passé. Il y a là un paradoxe métaphysique nouveau par rapport aux situations de crise que l'Occident, terre-du-déclin, *Abendland,* a eu à assumer dans l'histoire.

Car l'advenu, ici, comme expression de l'altérité, reste un décor pour un regret qui n'est que de mise en scène. Jamais il ne se métamorphose en projet d'action; l'action est l'apanage de préposés qui l'exercent jalousement en experts. Pour découvrir un mouvement lié au passé, il faut se tourner vers ces régions lointaines, où le présent s'exhale comme une haleine contagieuse, où les monnaies s'amoncellent comme poussière et déchets soulevés par le vent au coin des rues abandonnées : Phnom Penh, Téhéran. Nous vivons un affaiblissement, au sens où l'entendait Wittgenstein lorsqu'il écrivait : « L'affaiblissement d'une *Kultur* ne signifie pas que la valeur de l'homme s'est affaiblie mais seulement que *certains moyens d'expression* de cette valeur se sont affaiblis [1]. » Voilà pourquoi la transition qui s'est produite « en pleine période d'épanouissement » vers 1960, mène de l'engagement dans l'histoire au structuralisme et au culte de la structure comme idéologie. Les sciences de l'homme, comme elles s'appellent toujours, ont proposé des thérapies sociales appuyées sur une « raison collective » qui n'est ni un Contrat restauré, ni une « alliance » temporaire entre partenaires sociaux. Ces thérapies sont plutôt des gestions

1. *Investigations philosophiques, op. cit.*

boiteuses de l'anomie, assumées par des « experts » dont la compétence relève essentiellement de l'astuce politicienne. Tout au plus l'ethnologie a-t-elle contribué à la gestion en suggérant des alibis archaïques à tous les faux remèdes.

Doit-on alors conclure sur un constat désabusé, puisque même les alibis ont pâli devant la force et l'abus, et que l'angoisse sécrétée par notre monde est plus forte que les mythes myopes fabriqués depuis que l'autre est devenu le Sauvage? Entre l'aspiration révolutionnaire qui ne se manifeste plus aujourd'hui qu'en sursauts tragiques et sans lendemains, et l'acquiescement silencieux aux impératifs collectivistes de la société de masse, quel sens peut-il y avoir encore à affirmer que nous sommes des disciples des Sauvages? Que peuvent-ils nous apprendre encore, au travers de malentendus inévitables lorsque nous entamons avec eux, si peu loin de nos convictions et si peu près des leurs, le dialogue? L'enjeu de la tentative reste, en dépit de tout, cette confrontation où nous admettons que les bornes à l'intérieur desquelles nous nous mouvons dans la pensée doivent être déverrouillées. Mais non pour être remplacées par d'autres : interroger les autres, au risque même de s'y perdre, c'est maintenir la possibilité précieuse de s'émerveiller pour entendre à nouveau, en soi-même, la *razo* chantée par Jaufré Rudel :

No sap chantar qui so no di
ni vers trobar qui motz no fa
ni connois de rima co's va
si razo non enten en si.

Le défi doit consister à aider l'entendement à se maintenir ouvert.

Je ne pense pas que Heidegger voulait dire autre chose lorsqu'il écrivait au début du siècle : « La philosophie n'a pas pour tâche de fournir une conception du monde. [...]

Le seul rapport adéquat à la liberté en l'homme est que la liberté se libère elle-même en l'homme. Pénétrer cette dimension du philosopher n'est pas affaire de discussion érudite; c'est plutôt une chose dont le philosophe individuel ne sait rien, une tâche devant laquelle le philosophe doit s'incliner [1]. »

Semaforo dell'Argentario,
Pâques 1983.

1. *Colloque à Davos* (1929), éd. fr., Paris, Beauchesne, 1972, p. 39-40.

INDEX *

* Index établi par Édith de la Héronnière.

INDEX

TABLE

COMPOSITION : FIRMIN DIDOT AU MESNIL
IMPRESSION : HÉRISSEY A ÉVREUX
D.L. JANVIER 1984, N° 6632 (33382)

DANS LA MÊME COLLECTION

Divination et Rationalité
J.-P. Vernant, L. Vandermeersch,
J. Gernet, J. Bottéro, R. Crahay,
L. Brisson, J. Cartier, D. Grodzynski,
A. Retel-Laurentin

Le Grand Parler
Pierre Clastres

La Terre sans Mal
Hélène Clastres

Le Cercle des feux
Jacques Lizot

La Parenté en question
sous la direction de Rodney Needham

Vers une écologie de l'esprit (t. I et II)
Gregory Bateson

Rois et Courtisans
A.-M. Hocart

La Fleur létale
Christian Duverger

La Route des morts
Remo Guidieri

L'Origine des Aztèques
Christian Duverger

La Richesse des femmes
Annette Weiner

À PARAÎTRE

La Philosophie nahuatl
Miguel Leon-Portilla

Journal d'ethnographe
Bronislaw Malinowski